세계 선도국가와 정의로운 전환

포스트 코로나 시대 한국의 국정 방향

세계 선도국가와 정의로운 전환

포스트 코로나 시대 한국의 국정 방향

국정과제협의회 정책기획시리즈 **06**

김남국
이왕휘
이응균
조대엽

대통령직속
정책기획위원회
The Presidential Commission on Policy Planning

차 례

표 차례

그림 차례

국정과제협의회 정책기획시리즈
발간에 붙여

대통령직속 정책기획위원회

위원장 조대엽

1. 문재인 정부 5년, 정책기획위원회 5년을 돌아보며

문재인 정부가 출범한 지 5년차가 되었습니다. 돌이켜보면 전국의 거리를 밝힌 거대한 촛불의 물결과 전임 대통령의 탄핵, 새 정부출범에 이르는 과정은 '촛불혁명'이라고 할 만했습니다. 2016년 촛불혁명은 법과 제도의 틀에서 전개된 특별한 혁명이었습니다. 1,700만 명의 군중이 모여 촛불의 바다를 이루었지만 법의 선을 넘지 않았습니다. 전임 대통령의 탄핵과 새 대통령의 선출이 법과 정치적 절차의 훼손 없이 제도적으로 진행되었습니다. '제도혁명'이라고도 부를 수 있는 참으로 특별한 정치 과정이 아닐 수 없습니다. 세계적으로 대의 민주주의의 위기와 한계가 뚜렷한 가운데 2017년 문재인 정부의 출범 과정은 현대 민주주의의 범위와 내용을 제도적으로 확장한 정치사적 성과라고도 할 수 있습니다.

현대 민주주의의 괄목할 만한 진화를 이끌고 제도혁명으로 집권한 문재인 정부가 5년차를 맞았습니다. 선거 후 바로 대통령 취임과 함께 국정기획자문위원회가 출발해 100대 국정과제를 선별하면서 문재인 정부의 정치 일정이 시작되었습니다. 집권 5년차를 맞으며 인수위도 없이 출발한 집권 초기의 긴박한 과정을 떠올리면 문재인 정부는 임기 마지막까지 국정의 긴장을 늦출 수 없는 운명을 지녔습니다. 어쩌면 문재인 정부는 '제도혁명정부'라는 특별한 성격을 갖는다는 점에서 거의 모든 정부가 예외 없이 겪었던 임기 후반의 '레임덕'이라는 표현은 정치적 사치일 수 있습니다. 문재인 정부의 남은 시간 동안 지난 5년의 국정 성과에 이어 마지막까지 성과를 만들어냄으로써 국정의 긴장과 동력을 잃지 않는 일이 무엇보다 중요한 시점입니다. 그것이 문재인 정부의 역사적 소명이기도 합니다.

정책기획위원회는 지난 5년간 대통령 직속기구로서 폭넓은 국정자문 활동을 했습니다. 정책기획위원회의 주된 일은 국정과제 전반을 점검하고 대통령에게 필요한 내용들을 보고하는 일입니다. 지난 5년 정책기획위원회의 역할을 구분하면 정책 콘텐츠 관리와 정책 네트워크 관리, 정책소통 관리라는 세 가지로 요약할 수 있습니다.

먼저, 정책 콘텐츠 관리는 국가 중장기 발전전략 및 정책 방향 수립과 함께 100대 국정과제의 추진과 조정, 국정과제 관련 보고회의 지원, 국정분야별 정책 및 현안과제 연구, 대통령이 요구하는 국가 주요 정책 연구 등을 포괄합니다. 둘째로 정책 네트워크 관리는 청와대, 총리실, 정부부처, 정부출연 연구기관, 정당 등과의 협업 및 교류가 중요하며, 학계, 전문가 집단, 시민단체 등과의 네트워크 확장을 포함합니다. 특히 정책기획위원회는 대통령 소속 위원회를 통괄하는 기능을 갖기도 합니다.

대통령 소속의 9개 주요 위원회로 구성된 '국정과제협의회'의 의장

위원회로서 대통령 위원회의 소통과 협업의 구심 역할을 했습니다. 셋째로 정책소통 관리는 정부부처 간의 소통과 협력을 매개하는 역할이나 정책 쟁점이나 정책 성과에 대해 국민들이 공감할 수 있도록 정책 담론을 생산하고 확산하는 일을 포괄합니다. 연구용역이나 주요 정책 TF 운용의 결과를 다양한 형태의 간담회, 학술회의, 토론회, 언론 기고, 자체 온라인 방송 채널을 통해 공유하기도 했습니다.

정책기획위원회의 1기는 정부 출범 시 '국정기획자문위원회'가 만든 100대 국정과제의 관리와 '미래비전 2045'를 만드는 데 중점이 두어졌습니다. 말하자면 정책 콘텐츠 관리에 중점을 둔 셈입니다. 정책기획위원회의 2기는 위기적 정책 환경에 대응하는 정책 콘텐츠 생산과 집권 후반부의 성과관리라는 측면에서 과제가 큰 폭으로 늘었습니다. 주지하듯 문재인 정부의 후반부는 세계사적이고 문명사적인 아주 특별한 시대적 위기를 맞고 있습니다. 코로나19 팬데믹이라는 문명사적 위기는 정책기획위원회 2기의 정책 환경을 완전히 바꾸었습니다. 정책기획위원회는 코로나19 발생 이후 포스트 코로나시대에 새롭게 부가되는 국정과제를 100대 과제와 조정 보완하는 작업, 감염병 대응과 보건의료체제 혁신을 위한 종합 대책의 마련, 코로나19 이후 거대 전환의 사회변동에 대한 전망, 한국판 뉴딜의 보완과 국정자문단의 운영 등을 새로운 과제로 진행했습니다.

정책기획위원회의 2기는 코로나19 팬데믹으로 인한 방역위기와 경제위기를 뚫고 나아가는 국가 혁신전략들을 지원하는 일과 함께, 무엇보다도 문재인 정부의 국정성과를 정리하고 〈국정백서〉를 집필하는 일이 남아 있습니다. 우리 위원회는 성과관리를 단순히 정부의 치적을 정리하는 수준이 아니라 국정성과를 국민의 성과로 간주하고 국민과 공유해야 한다는 차원에서 정책 소통의 한 축으로 간주하고 있습니다.

우리 위원회는 문재인 정부가 촛불혁명의 정부로서 그리고 제도혁명의 정부로서 지향했던 비전의 진화 경로를 종합적 조감도로 그렸고 이 비전 진화의 경로를 따라 축적된 지난 5년의 성과를 포괄적으로 정리하기도 했습니다. 다양한 정책성과 관련 담론들을 세부적으로 만드는 과정이 이어지는 가운데, 우리 위원회는 그간의 위원회 활동 결과로 생산된 다양한 정책담론들을 단행본으로 만들어 대중적으로 공유하면 좋겠다는 데에 뜻을 모았습니다. 이러한 취지는 정책기획위원회뿐 아니라 국정과제협의회 소속의 다른 대통령 위원회도 공유함으로써 단행본 발간에 동참하게 되었습니다. '국정과제협의회 정책기획시리즈'가 탄생했고 각 단행본의 주제와 필진 선정, 그리고 출판은 각 위원회가 주관해서 진행하는 것으로 했습니다.

정책기획위원회가 출간하는 이번 단행본들은 정부의 중점 정책이나 대표 정책을 다루는 것이 아닙니다. 또 단행본의 주제들은 특별한 기준에 따라 선별된 것도 아닙니다. 이번에 출간하는 단행본 시리즈의 내용들은 정부 정책이나 법안에 반영된 것도 있고 그렇지 않은 것도 포함되어 있습니다. 따라서 이 책의 내용들은 정부나 정책기획위원회의 공식 입장이라고 할 수 없습니다. 정책기획위원회에서 지난 5년간 다양한 방식으로 논의된 정책담론들 가운데 비교적 단행본으로 엮어내기에 수월한 것들을 모아 필진들이 수정하는 수고를 더한 것입니다. 문재인 정부의 정책기획위원회에 모인 백여 명의 정책기획위원들이 다양한 분야에서 국가의 미래를 고민했던 흔적을 담아보자는 취지라 할 수 있습니다.

2. 문재인 정부 5년의 국정비전과 국정성과에 대하여

　문재인 정부는 촛불시민의 염원을 담아 '나라다운 나라, 새로운 대한민국'을 약속하며 출발했습니다. 지난 5년은 우리 정부가 국민과 약속한 나라를 만들기 위해 진지하고도 일관된 노력을 기울인 시간이었습니다. 지난 5년, 국민의 눈높이에 미흡하고 부족한 부분이 있었습니다. 그러나 예상하지 못한 거대한 위기가 거듭되는 가운데서도 정부는 국민과 함께 다양한 국정성과를 만들었습니다.

　어떤 정부든 공과 과가 있기 마련입니다. 한 정부의 공은 공대로 평가되어야 하고 과는 과대로 평가되어야 합니다. 아무리 미흡한 부분이 있더라도 한 정부의 국정성과는 국민이 함께 만든 것이기 때문에 국민적으로 공유되어야 하고, 국민적 자부심으로 축적되어야 합니다. 국정의 성과가 국민적 자부심과 자신감으로 축적되어야 새로운 미래가 있습니다.

　정부가 국정 성과에 대해 오만하거나 공치사를 하는 것은 경계해야 할 일이지만 적어도 우리가 한 일에 대한 자신감과 자부심 없이는 대한민국의 미래 또한 밝을 수 없습니다. 정책기획위원회는 이 같은 취지로 2021년 4월, 『문재인 정부 국정비전의 진화와 국정성과』라는 제목의 보고서를 만들었고, 이 보고서를 바탕으로 5월에는 문재인 정부 4주년을 기념하는 컨퍼런스도 개최했습니다.

　문재인 정부는 2017년 출범 후 '국민의 나라, 정의로운 대한민국'을 국가비전으로 제시하고 5대 국정목표, 20대 국정전략, 100대 국정과제를 제시했습니다. '국민의 나라, 정의로운 대한민국'이라는 국정의 총괄 비전은 "대한민국의 모든 권력은 국민으로부터 나온다"라고 하는 헌법 제1조의 정신입니다. 여기에 '공정'과 '정의'에 대한 문재인 대통령의 통치 철학을 담았습니다. 정의로운 질서는 사회적 기회의 윤리인 '공정', 사회적 결과의 윤리인 '책임', 사회적 통합의 윤리인 '협력'이라는 실천윤리가 어울려 완성됩니다. 문재인 정부 5년은 공정국가, 책임국가, 협력국가를 향한 일관된 여정이었습니다. 그리고 문재인 정부의 국정성과는 공정국가, 책임국가, 협력국가를 향한 일관된 정책의 효과였습니다.

돌이켜보면 문재인 정부 5년은 중첩된 위기의 시간이었습니다. 집권 초기 북핵위기에 이은 한일통상위기, 그리고 코로나19 팬데믹 위기라는 예측하지 못한 3대 위기에 문재인 정부는 놀라운 위기 대응 능력을 보였습니다. 2017년 북핵위기는 평창올림픽과 다자외교, 국방력 강화를 통한 한반도 평화 프로세스로 위기 극복의 성과를 만들었습니다. 2019년의 한일통상위기는 우리 정부와 기업이 소부장산업 글로벌 공급망을 재편하고 소부장산업 특별법 제정 등 모든 수단을 동원해 제조업의 경쟁력을 강화함으로써 위기를 극복했습니다. 일본과의 무역 마찰을 극복하는 이 과정에서 '아무도 흔들 수 없는 나라'를 만들겠다는 대통령의 약속이 있었고 마침내 우리는 일본과 경쟁할 만하다는 국민적 자신감을 갖게 되었습니다.

이제는 핵심 산업에서 한국 경제가 일본을 추월하게 되었지만 우리 국민이 갖게 된 일본에 대한 자신감이야말로 무엇보다 큰 국민적 성과가 아닐 수 없습니다.

2020년 이후의 코로나19 위기는 지구적 생명권의 위기이자 인류 삶의 근본을 뒤흔드는 문명사적 위기라 할 수 있습니다. 우리는 개방, 투명, 민주방역, 과학적이고 창의적 방역으로 전면적 봉쇄 없이 팬데믹을 억제한 유일한 나라가 되었습니다. K-방역의 성공은 K-경제의 성과로도 확인됩니다. K-경제의 주요 지표들은 우리 경제가 코로나19 이전으로 회복되었을 뿐 아니라 성공적 방역으로 우리 경제가 새롭게 도약하고 있다는 사실을 보여주고 있습니다.

문재인 정부 5년 간 겪었던 3대 거대 위기는 인류의 문명사에 대한 재러드 다이아몬드식 설명에 비유하면 '총·균·쇠'의 위기라 할 수 있습니다. 인류문명을 관통하는 총·균·쇠의 역사는 제국주의로 극대화된 정복과 침략의 문명사였습니다. 그러나 문재인 정부가 지난 5년 총·균·쇠에 대응한 방식은 평화와 협력, 상생의 패러다임으로 인류의 신문명을 선도하는 것이었습니다. 세계가 이 같은 총·균·쇠의 새로운 패러다임에 주목하고 있습니다. 문재인 정부가 총·균·쇠의 역사를 다시 쓰고 인류문명을 새롭게 이끌고 있다고 감히 말할 수 있습니다.

문재인 정부는 지난 5년, 3대 위기를 극복함으로써 '위기에 강한 정부'의 성과를 얻었습니다. 또 한국판 뉴딜과 탄소중립 선언, 4차 산업혁명과 혁신성장, 문화강국과 자치분권의 확장을 주도해 '미래를 여는 정부'의 성과를 만들었습니다. 돌봄과 무상교육, 건강공공성, 노동복지 등에서 '복지를 확장한 정부'의 성과도 주목할 만합니다. 국정원과 검찰·경찰 개혁, 공수처 출범 및 시장권력의 개혁과 같은 '권력을 개혁한 정부'의 성과에도 주목해야 합니다. 나아가 문재인 정부는 한반도 평화유지와 국방력 강화를 통해 '평화시대를 연 정부'의 성과도 거두고 있습니다.

위기대응, 미래대응, 복지확장, 권력개혁, 한반도 평화유지의 성과를 통해 강한 국가, 든든한 나라로 거듭나는 정부라는 점에 주목하면 우리는 '문재인 정부 국정성과로 보는 5대 강국론'을 강조할 수 있습니다. 이 같은 '5대 강국론'을 포함해 주요 입법성과를 중심으로 '대한민국을 바꾼 문재인 정부 100대 입법성과'를 담론화하고, 또 문재인 정부 들어 눈에 띄게 달라진 주요 국제지표를 중심으로 '세계가 주목하는 문재인 정부 20대 국제지표'도 담론화하고 있습니다.

2021년 4월 26일 국정성과를 보고하는 비공개 회의에서 문재인 대통령은 "모든 위기 극복의 성과에 국민과 기업의 참여와 협력이 있었다"는 말씀을 몇 차례 반복했습니다. 지난 5년, 국정의 성과는 오로지 국민이 만든 국민의 성과입니다. 그래서 문재인 정부 5년의 성과는 오롯이 우리 국민의 자부심의 역사이자 자신감의 역사입니다. 문재인 정부 5년의 성과는 국민과 함께 한 일관되고 연속적인 국정비전의 진화를 통해 축적되었습니다. '국민의 나라, 정의로운 대한민국'이라는 국가비전이 구체화되고 세분화되어 진화하는 과정에서 '소득주도성장·혁신성장·공정경제'의 비전이 제시되었고, 이러한 경제운용 방향은 '혁신적 포용국가'라는 국정비전으로 포괄되었습니다.

3대 위기과정을 극복하는 과정에서 문재인 정부는 '아무도 흔들 수 없는 나라', '위기에 강한 나라'라는 비전을 진화시켰고, 코로나19 팬데믹 위기에서 '포용적 회복과 도약'의 비전이 모든 국정 방향을 포괄하는 비전으로 강조되었습니다. 코로나19 팬데믹으로 인한 방역위기와 경제위기를 극복하는 과정에서 대한민국은 새로운 세계표준이 되었습니다. 또 최근 탄소중립시대와 디지털 경제로의 대전환을 준비하는 한국판 뉴딜의 국가혁신 전략은 '세계선도 국가'의 비전으로 포괄되었습니다.

이 모든 국정비전의 진화와 성과에는 국민과 기업의 기대와 참여가 있었습니다. 그러나 우리는 문재인 정부의 임기가 그리 많이 남지 않은 시점에서 국민의 기대와 애초의 약속에 미치지 못한 많은 부분들은 남겨놓고 있습니다. 혁신적이고 종합적인 새로운 그림이 필요한 부분도 있고 강력한 실천과 합의가 필요한 부분도 있습니다. 무엇보다도 민주주의에 대한 새로운 기획이 필요합니다. 문재인 정부는 촛불혁명이라는 제도혁명을 통해 민주주의를 진화시킨 정치사적 성과를 얻었으나 정작 민주주의에 대한 새로운 전망을 제시하는 데는 미치지 못했습니다. 문재인 정부는 헌법 제1조의 민주주의를 실현하고자 했으나 문재인 정부 이후의 민주주의는 국민의 행복추구와 관련된 헌법 제10조의 민주주의로 진화해야 할지 모릅니다. 민주정부 4기로 이어지는 새로운 민주주의의 디자인이 필요합니다.

둘째는 공정과 평등을 구성하는 새로운 정책비전의 제시와 합의가 요구됩니다. 오늘날 대부분의 국가는 정의로운 공동체를 추구합니다. 정의로운 질서는 불평등과 불공정, 부패를 넘어 실현됩니다. 이 같은 질서에는 공정과 책임, 협력의 실천윤리가 요구되지만 우리 시대에 들어 이러한 실천윤리에 접근하는 방식은 세대와 집단별로 큰 차이를 보입니다.

신자유주의 시대에 성장한 청년세대는 능력주의와 시장경쟁력을 공정의 근본으로 인식하는 반면 기성세대는 달리 인식합니다. 공정과 평등에 대한 '공화적 합의'가 필요합니다. 소득과 자산의 분배, 성장과 복지의 운용, 일자리와 노동을 둘러싼 공정과 평등의 가치에 합의함으로써 '공화적 협력'에 관한 새로운 그림이 제시되어야 합니다.

셋째는 지역을 살리는 그랜드 비전이 새롭게 제시되어야 합니다. 공공기관 이전을 통한 중앙정부 주도의 혁신도시 정책을 넘어 지역 주도의 메가시티 디자인과 한국판 뉴딜의 지역균형 뉴딜, 혁신도시 시즌

2 정책이 보다 큰 그림으로 결합되어 지역을 살리는 새로운 그랜드 비전으로 제시될 필요가 있습니다.

넷째는 고등교육 혁신정책과 새로운 산업 전환에 요구되는 인력양성 프로그램이 결합된 교육혁신의 그랜드 플랜이 만들어져야 합니다.

다섯째는 커뮤니티 케어에 관한 혁신적이고 복합적인 정책 디자인이 준비되어야 합니다. 지역 기반의 교육시스템과 지역거점 공공병원, 여기에 결합된 지역 돌봄 시스템이 복합적이고 혁신적으로 기획되어야 합니다.

이 같은 과제들은 더 큰 합의와 더 많은 시간이 필요합니다. 그러나 이러한 쟁점들이 다음 정부의 과제나 미래과제로 막연히 미루어져서는 안 됩니다. 문재인 정부의 국정성과들이 국민의 기대와 참여로 가능했듯이 이러한 과제들은 기존의 국정성과에 이어 문재인 정부의 마지막까지 국민과 함께 제안하고 추진함으로써 정책동력을 놓치지 않는 것이 중요합니다.

코로나19 변이종이 기승을 부리면서 여전히 코로나19 팬데믹의 엄중한 위기가 진행되는 가운데 국민의 생명과 삶을 지켜야 하는 절체절명한 시간이 흐르고 있습니다. 문명 전환기의 미래를 빈틈없이 준비해야하는 절대시간이기도 합니다. 여기에 대응하는 문재인 정부의 남은 시간이 그리 길지 않습니다. 그러나 인수위도 없이 서둘러 출발한 정부라는 점과 코로나 상황의 엄중함을 생각하면 문재인 정부에게 남은 책임의 시간은 길고 짧음을 잴 여유가 없습니다.

이 절대시간 동안 코로나19보다 위태롭고 무서운 것은 가짜뉴스나 프레임 정치가 만드는 국론의 분열입니다. 세계가 주목하는 정부의 성과를 애써 외면하고 근거 없는 프레임을 공공연히 덧씌우는 일은 우리 공동체를 국민의 실패, 대한민국의 무능이라는 벼랑으로 몰아가는 것과 다르지 않습니다. 국민이 선택한 정부는 진보정부든 보수정부든 성공해야 합니다. 책임 있는 정부가 작동되는 데는 책임 있는 '정치'가 동반되어야 합니다.

정책기획위원회를 포함한 국정과제위원회들은 문재인 정부의 남은 기간 동안 국정성과를 국민과 공유하는 적극적 정책소통관리에 더 많은 의미를 두어야 합니다. 문재인 정부의 성과를 정확하게, 사실에 근거해서 평가하고 공유하는 데 더 많은 시간을 써야 합니다. 다른 무엇보다도 객관적이고 종합적인 국정성과에 기반을 둔 세 가지 국민소통전략이 강조됩니다.

첫째는 정책 환경과 정책 대상의 상태를 살피고 문제를 찾아내는 '진단적 소통'입니다. 둘째는 국정성과에 대한 이해를 통해 민심과 정부 정책의 간극이나 긴장을 줄이고 조율하는 '설득적 소통'이 중요합니다. 셋째는 국민들이 삶의 현장에서 정책의 성과를 체감할 수 있게 하는 '체감적 소통'을 강조할 수 있습니다. 위기대응정부론, 미래대응정부론, 복지확장정부론, 권력개혁정부론, 평화유지정부론의 '5대 강국론'을 비롯한 다양한 국정성과 담론들이 이 같은 국민소통전략으로 공유될 수 있기를 바랍니다.

정책기획위원회의 눈으로 지난 5년을 돌이켜보면 문재인 정부의 시간은 '일하는 정부'의 시간, '일하는 대통령'의 시간이었습니다. 촛불혁명으로 집권한 제도혁명정부로서는 누적된 적폐의 청산과 산적한 과제의 해결이 국민의 명령이었기 때문에 옆도 뒤도 보지 않고 오로지 이 명령을 충실히 따라야 했습니다. 그 결과가 '일하는 정부', '일하는 대통령'의 시간으로 남게 된 셈입니다.

정부 광화문청사에 있는 정책기획위원회 위원장실에는 한 쌍의 액자가 걸려 있습니다. 위원장 취임과 함께 우리 서예계의 대가 시중(時中) 변영문(邊英文) 선생님께 부탁해 받은 것으로 "先天下之憂而憂, 後天下之樂而樂"(선천하지우이우, 후천하지락이락)이라는 글씨입니다. 북송의 명문장가였던 범중엄(范仲淹)이 쓴 '악양루기'(岳陽樓記)의 마지막 구절입니다. "천하의 근심은 백성들이 걱정하기 전에 먼저 걱정하고, 천하의 즐거움은 모든 백성들이 다 즐긴 후에 맨 마지막에 즐긴다"는 의미로 풀어볼 수 있습니다. 국민들보다 먼저 걱정하고 국민들보다 나중에 즐긴다는 말로 해석됩니다. 일하는 정부, 일하는 대통령의 시간과 닿아 있는 글귀입니다.

문재인 정부의 남은 시간이 길지 않지만, 일하는 정부의 시간으로 보면 짧지만도 않습니다. 결코 짧지 않은 문재인 정부의 시간을 마지막까지 일하는 시간으로 채우는 것이 제도혁명정부의 운명입니다. 촛불시민의 한 마음, 문재인 정부 출범 시의 절실했던 기억, 국민의 위대한 힘을 떠올리며 우리 모두 초심으로 돌아가야 합니다.

앞선 두 번의 정부가 국민적 상처를 남겼습니다. 진보와 보수를 떠나 국민이 선택한 정부가 세 번째 회한을 남기는 어리석은 역사를 거듭해서는 안 됩니다. 문재인 정부의 성공이 우리 당대, 우리 국민 모두의 시대적 과제입니다.

3. 한없는 고마움을 전하며

아무리 작은 일이라도 일이 마무리되고 결과를 얻는 데는 드러나지 않는 많은 분들의 기여와 관심이 있기 마련입니다. 정책기획위원회는 앞에서 밝힌 바와 같이 정책 콘텐츠 관리와 정책 네트워크 관리, 정책 소통 관리에 포괄되는 광범한 활동을 수행하고 있습니다. 사실 이 책과 같은 단행본 출간사업은 정책기획위원회의 관례적 활동과는 별개로 진행되는 여벌의 사업이라 할 수 있습니다. 이러한 부가적 사업이 가능한 것은 6개 분과 약 백여 명의 정책기획위원들이 위원회의 정규 사업들을 충실히 해낸 효과라 할 수 있습니다. 무엇보다도 정책기획위원회라는 큰 배를 위원장과 함께 운항해주신 두 분의 단장과 여섯 분의 분과위원장께 감사의 말씀을 드려야 합니다. 미래정책연구단장을 맡아 위원회에 따뜻한 애정을 쏟아주셨던 박태균 교수와 2021년 하반기부터 박태균 교수의 뒤를 이어 중책을 맡아주신 추장민 박사, 그리고 국정과제지원단장을 맡아 헌신적으로 일해주신 윤태범 교수께 각별한 마음을 전합니다. 김선혁 교수, 양종곤 교수, 문진영 교수, 곽채기 교수, 김경희 교수, 구갑우 교수, 그리고 지금은 자치분권위원회로 자리를 옮긴 소순창 교수께서는 6개 분과를 늘 든든하게 이끌어 주셨습니다. 한없는 고마움을 전합니다.

단행본 사업에 흔쾌히 함께 해주신 정책기획위원뿐 아니라 비록 단행본 집필에는 참여하지 않았지만 지난 5년 정책기획위원회에서 문재인 정부의 다양한 정책담론을 다루어주신 1기와 2기 정책기획위원 모든 분께 이 자리를 빌려 그간 가슴 한 곳에 묻어두었던 고마운 마음을 전합니다.

위원들의 활동을 결실로 만들고 그 결실을 빛나게 만든 것은 정부 부처의 파견 공무원과 공공기관의 파견 위원, 그리고 전문위원으로 구성된 위원회 직원들의 공이었습니다. 국정담론을 주제로 한 단행본들이 결실을 본 것 또한 직원들의 헌신 덕분입니다. 행정적 지원을 진두지휘한 김주이 기획운영국장, 김성현 국정과제국장, 백운광 국정연구국장, 박철응 전략홍보실장께 각별한 감사를 드리며, 본래의 소속으로 복귀한 직원들을 포함해 정책기획위원회에서 함께 일한 직원들 한 분 한 분께도 감사의 마음을 전합니다.

한국판 뉴딜을 정책소통의 차원에서 국민적으로 공유하기 위해 정책기획위원회는 '한국판 뉴딜 국정자문단'을 만들었고, 지역자문단도 순차적으로 구성한 바 있습니다. 한국판 뉴딜 국정자문단의 자문위원으로 함께 해주신 모든 분들께도 이 자리를 빌려 감사드립니다.

대전환의 시기

대전환의 시기

1.『세계 선도국가와 정의로운 전환』목표

대한민국은 국정 운영 패러다임의 전환기에 놓여 있다. 국정 운영 방향에 관한 대한민국 정부의 선택은 정부의 자율성을 제약하는 힘의 작용을 고려해야 한다. 대한민국 정부의 선택을 제약하는 힘은 우리가 예측할 수 있는 요소들과 예측할 수 없는 요소들로 구분할 수 있다. 미중패권 경쟁으로 인한 국제질서의 변화·노령화와 저출산으로 인한 한국 사회의 구조변동·지구적 차원의 경기 침체와 대규모 실업으로 인한 경제 상황의 악화는 우리가 예측할 수 있었던 대내외적 요소다. 반면 코로나19 팬데믹(pandemic) 상황은 우리가 예측할 수 없었던 대표적인 요인이다.

대한민국 안과 밖의 상황이 대한민국에 호의적이지 않은 것은 부정할 수 없는 현실이다. 대한민국은 주어진 상황을 받아들이면서도 국제사회를 선도할 수 있는 지혜를 발휘하기 위한 결단이 필요하다. 요동치는 국제정세와 하루가 다르게 발전하고 있는 기술혁신의 상호작용 속에서 산업화 시대의 패러다임에 갇힌 관성적 정책 추진은 대한민국의 상황을 더욱 악화시킬 뿐이다.

대한민국의 정책 패러다임 변화에서 특히 고려해야 할 부분은 대한민국만의 이익을 넘어선 인류보편의 가치이다. 관성적으로 받아들이던 배타적인 국가 이익이라는 관념에서 벗어나 인류보편의 가치를 지향하는 관점을 적극 수용할 필요가 있다. 대한민국 국정 방향은 공간적 조건에만 한정되지 않는다. 시간적 조건 역시 고려해야 한다. 대한민국의 정책은 미래 대한민국 국민들의 삶에도 영향을 미치기 때문이다.

미래 대한민국 국민들이 보다 품위 있고 평화로우며 풍요로운 삶을 살아갈 수 있는 초석을 마련하기 위해서는 공간과 시간의 틀에 갇혀 국가의 방향을 설정하는 사고의 폐기가 요구된다. 세계화의 구조 속에서 대한민국의 정책은 휴전선과 대한민국 국경 앞에서 멈추지 않기 때문이다.

기후변화로 대표되는 환경 에너지 문제는 협소하고 단기적인 국가 중심의 사고를 넘어 인류보편사의 관점에서 접근해야 하는 대표적인 사안이다. 환경 문제는 국경과 세대를 초월하는 영역으로 환경 에너지 문제의 중요성과 문제 해결의 필요성에는 일정 수준 이상의 국제적 합의가 이루어져 있다. 하지만 환경 문제 해결에 대한 당위적 차원의 공감과 함께 저탄소 성장에 기반한 산업구조로의 개편에서 특정 집단의 희생 또는 불이익 역시 피할 수 없다. 산업구조 변화의 과정에서 사회안전망 강화와 고용전환프로그램을 기초로 한 '정의로운 전환(just transition)'에 박차를 가해야 하는 이유다.

인류보편사의 관점에서 '정의로운 전환'에 나서는 대한민국은 지구적 차원에서 초국적 가치를 제시할 수 있는 품격·식견·지혜를 갖추어야 한다. 이는 '세계 선도국가'가 갖추어야 할 필수 덕목으로 전통 안보와 산업화 시대의 경제관으로 상징되는 국가 모델의 지양을 의미한다. 대한민국은 국제사회에서 다른 국가들이 제시하지 못하는 규범적 비전(vision)을 제시하면서 동시에 다른 국가들이 모방하고 싶은 경제적 풍요를 갖춘 국가의 이상을 설정하고 그것을 지향해야 한다. 한국의 경제력은 후자의 조건을 충족할 수 있지만 '세계 선도국가'로서 규범적 비전에 대한 고민과 내용은 여전히 부족하다. 따라서 '세계 선도국가'로서 규범적 비전을 제시할 수 있는 능력의 배양이 필요하다.

대한민국 정부의 국정 방향으로 제시된 한국판 뉴딜은 '정의로운 전환'과 '세계 선도국가'를 두 축으로 전개될 필요가 있다. 한국판 뉴딜에 대해 두 가지 반박을 예상할 수 있다. 첫째, 정의로운 전환과 세계 선도국가라는 개념이 비현실적이므로 한국판 뉴딜 역시 지나치게 이상적이라는 비판이다. 그러나 국제사회의 변화와 그 속에서 대한민국의 높아진 위상을 고려할 때 주어진 조건에서 더 나은 답을 찾으려는 시도가 오히려 현실적인 접근이라 볼 수 있다. 둘째, 한국판 뉴딜은 국가중심적인 접근이라는 비판도 제기될 수 있다. 대한민국의 현대사를 돌이켜볼 때 국가를 전면에 내세우는 비전에 대한 우려도 일리가 있다. 하지만 국가 자체가 모든 문제의 원인은 아니다. '누가' 운영하여 '어떤' 국가를 만들어가는가가 논의의 핵심이다. 한국판 뉴딜을 실행하는 국가는 시민사회·기업·전문가 등과 함께 민주적인 거버넌스 방식으로 운영된다는 점에서 국가주의의 우려를 제거할 수 있다. 결국 한국판 뉴딜은 대한민국의 미래를 위한 플랫폼을 제공하는 민주적이고 효율적인 국가 운영 방식의 실현을 목표로 해야 한다.

한국판 뉴딜은 코로나19 시대 이후를 대비하는 대한민국의 대안으로도 볼 수 있다. 코로나19 팬데믹 위기 이후 인구 감소, 경제활동 위축, 실업, 기아 등으로 인한 사회적 혼란 속에서 세계질서의 근본적 변화 가능성에 대한 논의가 진행되고 있다. 위기 이후 국가별 대응에 대한 연구를 통해 포스트 코로나 세계에 어떤 국가가 가장 효과적이고 모범적인 대안을 제공하는가에 대한 시사점을 도출할 수 있다. 21세기 세계질서를 주도하고 있는 미국과 중국은 포스트 코로나 세계를 이끌어 나갈 정당성 제공에 실패하고 있다. 미국은 코로나19 위기의 초동 대응에 실패하여 전 세계 확진자의 1/4, 사망자의 1/5을 차지하였으며, 전염병 피해가 인종갈등 및 빈부갈등을 증폭시켜 민주주의의 모델로서 체면이 손상되었다.

위기의 발원지인 중국은 국내적으로 초동 대응에 실패한 것은 물론이고 국제적으로는 국제공조에 필요한 정보를 정확하고 신속하게 제공하지 않았다. 유럽연합(European Union)도 독일, 프랑스, 영국에서 초동 대응에 실패하여 1년 이상 봉쇄를 유지하였으며, 백신의 역외 반출을 제한함으로써 백신 민족주의를 조장한다는 비판을 받았다. 이와 같은 배경에서 위기를 효과적으로 관리하고 극복한 동아시아 국가들이 세계 선도국가 후보로 논의되고 있다.

포스트 코로나 시대의 새로운 세계 선도국가는 변화된 정치·사회·경제·문화에 부합하는 거버넌스의 모범과 기준을 제시해야 한다. 선도국가는 규범적 관점을 강조한다. 이는 실증적 관점에서만 국가의 우열을 분석하고 있는 국제정치학의 패권국, 강대국, 강소국, 중견국과 경제학의 선진국, 중진국, 개발도상국, 저개발국과 차별성을 보인다. 세계 선도국가는 평화와 번영을 위한 모범규준(best practice)과 국제기준(global standard)을 솔선수범함으로써 다른 국가들의 귀감이 되어야 한다. 세계 선도국가는 자국에서 성공적으로 실천한 이념, 제도, 정책의 경험과 교훈을 다른 국가들과 자발적으로 조건 없이 공유하고 지원해야 한다.

21세기 선도국가가 규범성에 방점을 둔다는 측면에서 기존의 패권국 및 선진국과 차이점을 보이지만 과거의 경험으로부터 미래 선도국가의 조건을 유추해 볼 수는 있을 것이다. 19세기 1차 산업혁명기 영국과 20세기 2차 산업혁명기 미국의 역사적 경험에 비추어 볼 때 21세기 세계 선도국가는 3차 및 4차 산업혁명을 성공적으로 완수하는 국가가 될 가능성이 높다. 3차 및 4차 산업혁명의 핵심인 디지털 전환과 에너지 전환에서 중요한 역할을 하고 있는 미국과 중국 외에도 독일, 일본, 영국, 프랑스, 러시아, 한국 등이 세계 선도국가가 될 잠재력을 가진 것으로 평가되고 있다.

2. 『세계 선도국가와 정의로운 전환』에서 다루는 범위

한국판 뉴딜은 단선적인 발전 경로의 구조 속에서 선진국을 추격하는 중견국 대한민국이라는 상식의 틀을 벗어날 것을 요구한다. 이는 지금까지 한국 사회를 지배해 왔던 선진국 대 후진국이라는 '담론 질서'에 대한 근본적인 회의에서 출발한다. 산업화의 구조와 신자유주의 질서가 공고화한 탄소경제 체제와 능력주의에 의한 불평등사회에서 벗어나 저탄소경제와 포용사회로의 도약을 희망한다. 한국판 뉴딜의 비전을 구현하는데 있어 정의로운 전환과 세계선도 국가는 필수적인 두 기둥으로 포스트 코로나 시대 정의로운 전환과 세계 선도국가의 함의에 대한 검토가 필요하다.

정의로운 전환 개념은 1987년 UN에서 발표한 〈우리 공동의 미래〉에서 기원한다. 1987년 UN의 발표는 지속가능성을 지구적 차원으로 확산시키는 계기였다. 특히 코로나19로 인해 일상이 붕괴된 오늘날의 상황에서 지속가능성은 평범한 시민들에게 보다 절실하게 느껴지는 개념이다. 지속가능성은 포괄성·연계성·형평성·신중성·안정성으로 구성되는데(Galdwin et al., 1995), 이를 종합하면 지속가능성에서 정의 (justice)는 시간과 공간은 물론이고 인간 종을 중심으로 사고하는 관념을 넘어 지구생태계의 형평성과 안정성을 고려한 인간의 행동을 요구하는 개념으로 이해할 수 있다. 이 지점에서 정의로운 전환은 지속가능성과도 맞닿아 있다.

결국 정의로운 전환은 지속가능한 목표를 수립하기 위해 사회체계를 구성하는 모든 영역들이 재편되고 재구성되는 과정을 경험하게 된다. 이 과정에서 국가는 중재의 역할을 수행한다. 가령 정의로운 전환이 1960년대 캐나다에서 발생한 우라늄 채굴 분쟁과 이후 80년대까지 발생한 일련의 사건들로부터 탄생한 맥락과도 무관하지 않다.

캐나다의 우라늄 채굴 분쟁에서 발생한 사건은 이후 국제적 이슈가 되었다. 1997년 국제노동조합연합은 1997년 교토의정서에 '정의로운 전환' 개념을 포함시켰고, 2015년 발표된 국제노동기구의 〈환경적으로 지속가능한 경제 및 모든 사회를 향한 정의로운 전환 지침〉은 정의로운 정책의 기반이 되었다. 정의로운 전환은 에너지 전환이 야기한 부정적 영향을 완화하는데, 환경친화적 정책은 화석연료 산업에 의존해온 공동체의 사회적·경제적 지위에 지나친 해를 끼치지 않도록 노력하는 것을 의미하게 되었다(Robins et al., 2018).

코로나19로 인해 기후변화가 발생시키는 파급력과 그에 대한 대응의 시급성이 점차 강화되고 있다. 탈석탄·친환경 에너지로의 전환은 기후변화 저감 효과뿐 아니라 코로나19로 인해 역성장 위기에 봉착한 경제의 장기적 성장과 회복에도 필수적이다.

포스트 코로나를 상상하는 우리에게 정의로운 전환은 시사점을 제공한다. 코로나19는 단순한 자연 현상으로만 치부할 수 없다. 코로나19로 대한민국의 사회시스템이 마비된 상황에서 코로나는 가난한 자들에게 더욱 가혹하게 다가가며 경제적 불평등의 심화라는 사회적 현상으로 재현되고 있다. 코로나19를 경험한 산업계는 신기술 및 신산업 육성에 박차를 가하고 있다. 이는 역으로 저숙련 노동수요 감소로 인한 실업과 양극화의 심화로 이해될 수 있다.

세계 선도국가라는 상징성은 코로나19 위기를 대처하는 방식과 포스트 코로나를 대비하는 방식을 통해 구체화될 수 있다. 지구적 차원에서 코로나19가 세계시민들에게 미친 영향 중 하나는 북유럽·서유럽·미국·중국과 같은 선진국 혹은 강대국들에 대한 '환상'이 붕괴된 것이다. 정의로운 전환은 포스트 코로나 시대 산업구조의 변화를 충분히 예측할 수 있는 상황에서 사회안전망 강화의 당위성을 뒷받침하는 근거를 제공한다. 코로나19에 대한 대응뿐 아니라 포스트 코로나를 대비하는 방식을 통해 '세계 선도국가'의 역량이 평가될 수 있다.

다시 말해 포스트 코로나 시대를 어떻게 상상하고 만들어가는가에 따라 지구적 차원에서 '세계 선도국가'라는 개념이 새롭게 만들어질 수 있다. '세계 선도국가'라는 개념이 학계에서 체계적으로 정립된 것은 아니지만 세계 선도국가와 함께 검토할 수 있는 사회과학적 개념들이 존재한다. 이를테면, 근대화론에서 사용하는 선진국과 후진국, 세계체제론에서 말하는 중심국과 주변국이다. 하지만 근대화론과 세계체제론은 근대성(modernity)의 사고를 바탕으로 만들어진 개념들로 현시점에서 개념들의 유용성을 담보할 수 없다. 즉 역사적 변화 속에서 그 유용성이 증발된 '과거의' 언어들일 수 있는 것이다.

세계 선도국가 개념이 학문적으로 정립되지 않은 상태라면 코로나19 국면을 거치면서 대한민국은 세계 선도국가의 전형으로 해석될 기회를 포착할 수 있을 것이다. 세계 선도국가를 구성하는 핵심 요소는 민주적 원리에 기초한 거버넌스형 정치 형태, 물질적 풍요와 양극화가 완화된 경제체제, 기술의 발전과 시대를 선도할 수 있는 가치를 갖춘 문화, 지구적 차원에서 역량과 규모에 합당한 의무와 책임이다. 이 모든 요소들이 두루 갖추어지고 국가라는 형태로 구체화 될 때 그 국가는 세계선도형 국가의 이념(Idee)에 다가갈 수 있을 것이다.

3. 『세계 선도국가와 정의로운 전환』을 통하여

세계 선도국가와 정의로운 전환을 한국판 뉴딜과 연계하여 국정의 방향을 제시할 때 세 가지 차원의 기대효과를 예상할 수 있다.

첫째, 국내적 차원에서 사회적 합의 형성과 구체적 정책 방향 설정에 필요한 개념을 제시할 수 있다. 다수의 시민들은 미디어를 통해 한국판 뉴딜을 간접적으로 접하게 된다. 다수의 시민들은 한국판 뉴딜의 개념과 방향의 구체적 내용을 파악하기 어려울 것이다. 한국판 뉴딜은 대한민국 산업구조의 재편과 장기적 차원에서 대전환을 이루는 과제이다. 이 과정에서 특정 산업은 주변화 될 수밖에 없다. 이들에 대한 피해를 최소화하기 위해서라도 사회적 또는 산업 간 합의가 반드시 필요한데, 한국판 뉴딜에 대한 체계적인 연구와 개념화는 시민들의 합의를 형성화기 위한 필수조건이다. 시민들의 합의를 도출하기 위해 약속된 개념을 제시한다는 점에서 의미가 있다.

시민들뿐 아니라 직접적으로 정책을 구현하는 관료집단에게도 유용할 것이다. 앞서 보았듯 특히 세계 선도국가는 개념 정의가 명확하게 제시되지 못하고 있다. 이는 관료들이 정책의 방향성을 설정하는데 난항을 겪을 수밖에 없는 이유다. 세계 선도국가와 정의로운 전환에 대한 개념을 구체화하고 이를 한국판 뉴딜이라는 거시적인 비전과 체계적으로 연계하여 제시할 때 정책 수립의 방향성이 명확해지고 효율성이 향상될 수 있다.

둘째, 국제적 차원에서 지구적 이슈를 선도할 수 있는 전략을 제시한다. 정의로운 전환과 직접적으로 관련되어 있는 환경 문제는 지구적 차원에서 국제사회가 공동 대응해야 하는 분야이자 규범적 사안으로 확고히 자리 잡았다. 지구적 차원에서 환경 문제를 어떻게 다루고 반응하는가는 해당 국가의 문화 수준을 드러내는 요소로 역할할 수 있다. 트럼프 행정부가 파리기후협약을 탈퇴한 후 지구적 차원에서 여론의 뭇매를 맞은 사례를 생각해 볼 수 있다. 뿐만 아니라 아시아 국가들 중 환경 문제 해결에 선도적 역할을 하는 국가를 찾기 어려운 것도 사실이다. 대한민국이 한국판 뉴딜의 이상을 실현하기 위해 지구적 차원의 환경 문제 해결에 적극 나선다면, 세계 선도국가의 위상을 비교적 빠르게 획득할 수 있다.

셋째, 인류사적 차원에서 인류의 진보에 기여한 국가 중 하나로 기억될 수 있는 규범성을 제시한다. 오늘날 인류의 진보를 목적론적으로 접근하는 사람은 찾아보기 어려울 것이다. 대신 우리가 마주한 고통을 제거해 나가고 사회로부터 배제된 자들을 포용하며 고통받는 자들의 수와 범위가 축소될 때, 우리는 그 사회가 진보하고 있다고 생각한다. 한국판 뉴딜도 이처럼 거대한 비전과 역사적 조망을 통해 접근해야 한다. 현재의 정의로운 전환과 세계 선도국가의 선언이 우리의 삶과 동떨어져 있다고 생각할 수 있다. 하지만 우리의 활동과 실천이 미래세대의 고통을 경감시키는 방향으로 전개될 때, 인류의 고통은 감소해 나갈 수 있다. 한국판 뉴딜은 이에 기여하는 국정 방향이 될 수 있다.

제1부

세계 선도국가란
무엇인가?

제1장 선도국가 논의의 등장 배경

1. 글로벌 질서의 근본적 변화

코로나19 위기 이후 세계질서의 근본적 변화 가능성에 대한 논의가 촉발되었다(Brannen, Ahmed, and Newton, 2020). 역사적으로 세계적인 전염병의 확산은 정치·사회·경제·문화를 변화시키는 계기로 작용하였다. 중세 유럽에서도 흑사병의 유행은 대규모 인구 감소를 촉발시켜 자본주의와 민족국가 발전에 중요한 영향을 미쳤다(Diamond, 2020). 코로나19 전염병 발생 이후 인구 감소, 경제활동 위축, 실업, 기아 등으로 인한 사회적 혼란이 지속되고 있다(Barrett, Chen, and Li, 2021; Barrett, Chen, 2021).

세계적 차원에서 포스트 코로나 시대에 어떻게 대처할 것인가에 대한 고민이 커져가는 가운데 미국에서는 자유민주주의에 기반을 두고 있는 거버넌스에 미치는 영향에 대한 논의가 활발하게 진행되고 있고(Brands, Gavin, 2020; Brahima, Dervig, Kharas, and Qureshi, 2020), 중국의 시진핑 주석은 현 상황을 "세계에서 지난 100년에서 존재하지 않았던 대변화"(世界百年未有之大變局)로 규정하였다(习近平, 2020).

특히 코로나19 위기는 디지털화와 에너지 전환을 촉진시키는 계기로 작용하고 있으며 사회적 거리두기와 봉쇄 속에서 비대면(untact) 거래를 위한 다양한 종류의 디지털 플랫폼/생태계가 빠르게 발전하고 있다(White, Madgavkar, Sibanda, Townsend, and Ramirez, 2021). 방역 강화로 인해 이동이 제한되면서 에너지 사용이 줄어들자 대기질이 개선되는 현상이 나타나 에너지 전환의 잠재적 효과도 드러나고 있다(Venter, Aunan, Chowdhury, and Lelieveld, 2020).

2. 기존 선도국가의 부진과 침체

세계적 차원에서 전염병의 영향은 지역별/국가별로 불균등하게 나타나고 있다. 동북아시아와 오세아니아가 북미, 남미, 유럽, 아프리카, 중동보다 전염병 확산을 잘 통제하고 있고 한국을 비롯해 대만, 싱가포르, 홍콩, 뉴질랜드, 호주, 일본, 중국 등이 상대적으로 좋은 평가를 받고 있다.

현재까지 주요 강대국들은 위기 극복을 위한 대안 제시에서 뚜렷한 방향성을 보여주지 못하고 있다. 전 세계 확진자의 1/4, 사망자의 1/5을 차지한 미국은 2021년 1월 6일의 미 의사당 점거 폭동에서 보듯이 전염병 피해가 인종갈등 및 빈부갈등을 증폭시켜 정치사회적 혼란이 가중되면서 글로벌 리더로서의 위상이 추락하였다. 트럼프 대통령은 세계보건기구(WHO) 탈퇴를 선언하고 백신 공동구매·배분을 위한 국제 프로젝트인 코백스(Covax)에도 불참하였다(Tellis, 2020; Campbell, Doshi, 2020; Ingram, 2020). 미국과 중국의 단기적인 방역 효과가 다르게 나타나면서 권위주의 체제가 민주주의 체제보다 코로나19 위기에 더 잘 대응한다는 의견까지 나오고 있다 (Cukierman, 2020).

중국은 위기를 일찍 수습하여 경제적 피해를 최소화하는 것은 물론 자체 개발한 백신을 개발도상국에 지원하고 있지만 코로나19 바이러스의 발원지가 우한(武汉)이라는 원죄 때문에 국제적 비판을 받고 있다(Huang, 2021). 유럽연합을 이끄는 독일, 프랑스, 영국도 초동 대응에 실패한 것은 물론 백신의 역외 반출을 막음으로써 국제사회에서 모범으로 간주되기에는 아쉬운 점들을 보여주고 있다.

3. 새로운 선도국가의 모색과 가능성

강대국과 선진국이 코로나19 위기를 극복할 수 있는 대안 제시에 실패하면서 포스트 코로나 시대에는 새로운 선도국가가 필요하다는 인식이 확산되었다. 새로운 선도국가는 코로나19 전염병의 방역은 물론 재발을 방지할 수 있는 예방책까지 제시해야 한다. 더 나아가 선도국가는 포스트 코로나 시대 정치·사회·경제·문화에 부합하는 새로운 거버넌스의 모범 및 기준을 만들어야 한다. 궁극적으로 선도국가는 새로운 거버넌스를 실천하는 것은 물론 다른 국가들과 경험을 공유하여 세계의 평화와 번영에 기여해야 한다.

코로나19 위기 대응 결과를 보면 특히 전염병의 확산세를 초기에 제압한 대만과 뉴질랜드가 높은 평가를 받고 있다. 한국, 일본도 전국적 봉쇄 없이 사회적 거리두기를 통해 대규모 전파를 제어하였다는 점에서 주목을 받고 있다. 전 국민의 70% 이상 백신을 접종하는 데 성공한 싱가포르에서는 집단면역을 달성했다고 보고 코로나19와 공존을 위한 실험이 시작되었다.

<표 1> 코로나19 전염병: 2021년 3월 24일 기준

구 분	총계			인구 백만명 당		
	확진	사망	검사	확진	사망	검사
미국	30,636,534	556,883	392,235,568	92,165	1,675	1,179,974
중국	90,125	4,636	160,000,000	63	3	111,163
일본	457,754	8,861	9,374,845	3,627	70	74,289
독일	2,689,205	75,708	47,578,793	32,023	902	566,560
영국	4,307,304	126,284	117,279,577	63,208	1,853	1,721,037
프랑스	4,313,073	92,908	60,773,434	65,971	1,421	929,564
인도	11,734,058	160,477	236,438,861	8,443	115	170,121
한국	99,846	1,707	7,441,210	1,946	33	145,049
세계	124,857,930	2,747,593		16,018	352.5	

출처: Worldometer, COVID-19 Pandemic.

[그림 1] 코로나19 전염병

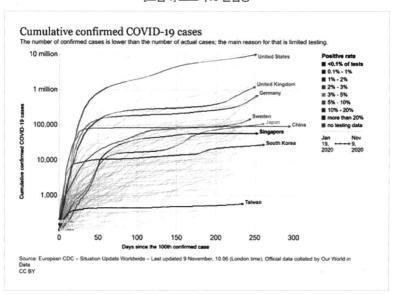

출처: Our World in Data.

반면 독일은 초기에 방역에 성공한 것으로 평가되었으나 2020년 하반기 이후 다른 유럽 국가들과 유사한 추세를 보여주었다. 방역보다는 봉쇄와 사회적 거리두기를 공식적으로 도입하지 않은 스웨덴은 2020년 하반기에 대규모 확산이 진행되자 집단면역을 포기하였다. 백신을 가장 먼저 도입하여 전 국민의 50% 이상이 접종을 마쳤지만 이스라엘은 돌파감염이 늘어 확진자가 다시 증가하는 추세다. 백신 개발을 선도한 미국에서는 접종률이 집단면역에 필요한 70%에 미치지 못하고 있으며 확진자가 늘었다가 줄어드는 양상이 반복되고 있다.

제2장 선도국가의 개념 정의[*]

1. 선도국가의 정의

선도를 한자로 표기할 때 두 가지 대안이 있다. 아직 학문적으로 정립된 선도국가에 대한 개념 규정이 없는 상태에서 첫째는 앞장서서 이끌거나 안내하는 뜻의 선도(先導)이다. 이 의미에서 선도의 반대말은 남의 뒤를 따라서 좇는다는 뜻의 추종(追從)이다. 둘째는 바르고 좋은 길로 이끈다는 선도(善導)가 있다. 이 경우 반의어는 그릇된 길로 이끈다는 의미의 오도(誤導)이다. 두 가지 의미 가운데 하나만 택할 필요는 없고 시간적으로 앞서간다는 실증적 의미와 올바른 길로 안내한다는 규범적 의미가 선도국가의 개념에 모두 들어있다고 봐야 한다.

선도국가는 영어로 표현할 때 두 가지 방식으로 번역될 수 있다. 첫째는 앞장서서 이끌고 안내하는 역할을 한다는 의미의 lead, leading, leader이다. 이 경우 반의어는 follower이다. 둘째는 특정한 단계, 기준, 수준을 월등히 넘어서 앞서가는 국가라는 의미의 developed, advanced이다. 그 반의어에는 backward, underdeveloped, less-

---

[*] 선도국가 개념 정의에 관한 이 내용의 일부는 〈국제지역연구〉 2021년 겨울호에 실린 이왕휘, 김남국의 논문 "세계 선도국가 개념정립을 위한 시론"을 확대 보완한 것이다.

developed 등이 있다. 최근에는 유럽연합의 특징을 나타내는 표현으로 다른 나라들이 따르는 기준을 제시할 수 있는 영향력을 가리키는 규범권력(normative power)이라는 개념이 있다(Manners, 2002).

이러한 의미를 참고하면 선도국가(先導, 善導 國家: lead, leading country)는 세계적 차원에서 평화와 번영을 위한 모범규준(best practice), 국제기준(global standard)을 솔선수범함으로써 다른 나라들의 귀감이 되는 국가로 정의될 수 있다. 또한 선도국가는 자국에서 성공적으로 실천한 이념, 제도, 정책의 경험과 교훈을 다른 국가들과 자발적으로 조건 없이 공유하고 지원하는 국가라 할 수 있다.

좀 더 구체적으로 설명하면 실증적 관점에서 선도는 어떤 정책이나 제도를 먼저 시도했다는 것을 의미한다. 즉 선도국가는 제도나 정책을 다른 국가들보다 먼저 채택하여 실시한 후 장단점을 비교·분석한 후 그 경험을 다른 국가들에게 전파하는 국가라고 정의할 수 있다. 예를 들어 스웨덴은 세계에서 유일하게 집단면역을 통해 코로나19 위기를 극복하고자 시도하였다(장영욱, 윤형준, 2020).

규범적 관점에서 선도는 좋은 정책이나 제도를 솔선수범함으로써 다른 국가들이 모방하거나 참고할 수 있는 모범을 제공한다는 뜻이다. 이러한 의미에서 선도국가는 다른 국가들보다 좋고 바람직한 어떤 제도나 정책을 성공적으로 수행하여 모범을 보인 국가라고 규정할 수 있다. 예를 들어 한국은 코로나19 방역정책에서 드라이브스루 검사, 접촉자 추적조사 등과 같은 새로운 방역 방법을 개발하여 다른 국가들에게 전파하였다.

선도국가가 갖추어야 할 필수적인 덕목은 정치·경제·사회문화·과학기술을 포괄하고 있다. 정치적으로는 자유와 평등을 지향하며 민주주의와 인권을 보장할 수 있는 거버넌스가 중요하다. 경제적으로는 안정적이고 지속적인 성장과 균등하고 공정한 분배를 통해 삶의 질을 개선할 수 있는 시장 메커니즘이 필수적이다. 사회문화에서 자율성과 창의성을 존중함으로써 개인의 능력을 마음껏 발휘할 수 있는 기회를 보장하는 열린 공동체가 전제되어야 한다. 마지막으로 과학기술에서는 인류 전체에게 도움이 될 수 있는 새로운 발견과 발명을 가능하게 만드는 혁신 체제를 포함한다.

포스트 코로나 시대에 선도국가는 세 가지 원칙에 기반을 두어야 한다. 첫째는 포용성으로 모든 이해관계자가 참여하여 의견을 자유롭게 개진하는 민주적 방식을 통한 합의를 도출해야 한다(Davutoglu, 2020). 둘째는 공정성이다. 특징 지역·국가·계층·집단에 이익/손실이 집중되지 않도록 균형·균등하게 분배되어야 한다. 마지막 셋째는 지속가능성이다. 새로운 변화가 단기적으로는 물론 장기적으로 인류의 생존을 위협하지 않도록 설계하고 관리할 수 있어야 한다.

2. 선도국가 개념의 사상적 기원

1) 서양

선도국가는 언제 어디에서 기원했을까? 이 질문에 답하기 위해서는 국가를 비교적 관점에서 분석하는 이론을 살펴볼 필요가 있다. 서구에서 선도에 대한 본격적인 인식은 근대 계몽주의 이후 등장했다고 할 수 있다. 그러나 고대와 중세에도 비교정치적 관점에서 국가의 장단점

또는 우열에 대한 평가는 존재하였다.

그리스에서 페리클레스는 아테네의 헌정체제가 다른 국가가 따라야 하는 규범이 된다고 주장하였다. 아테네는 정치적 책임이 소수자에게 있지 않고 다수자 사이에 고루 분배되어 있었다. 또한 모든 사람이 법 앞에 평등하며 공직자 선출도 계급이 아닌 능력에 따라 실행되었다. 더 나아가 아테네에는 학대받는 사람을 지키는 법도 존재하였다.

폴리비우스(Polybius, 117~180 BC)는 그리스인의 관점에서 그리스와 로마를 비교하였다. 그가 보기에 로마는 시행착오를 거쳐 각 정치체제의 장점을 살리고 단점을 보완하는 안정된 정치제도를 정착시키는데 성공한 사례였다. 최고 통치자인 집정관, 귀족적 요소인 원로원, 민주주의적 요소인 평민원이 서로 견제하고 협조하여 최선의 정치제도를 창출하였다. 로마에 비해 그리스는 지나치게 리더십에 의존하였다. 솔론과 같이 뛰어난 인물이 출현하였을 때 성공하였지만 이러한 성공은 우연에 불과하였다는 것이다.

아리스티데스(Aelius Aristides, 117~180 BC)의 로마 평가도 참고할 수 있다. 그는 페르시아와 그리스에 대한 비교를 통해 로마제국의 우월함을 강조하였다. 로마의 장점은 출신을 따지지 않고 자신이 다스리는 지역에 있어 시민권 부여, 모든 사람이 법 앞에 평등, 군주제와 귀족제 등의 장점을 혼합한 훌륭한 제도인 공화제에 있다. 반면 그리스는 철학이 발달하고 공공서비스를 강화하였지만 지나치게 정복하는 데만 힘을 기울이고 본토 관리에 소홀하여 본토가 분열되는 경우가 많았다. 또한 페르시아의 키루스왕은 타국의 정복에만 힘을 기울이고 인민들의 안위에는 무관심하여 폭력적 부하가 인민들을 착취하는 것을 방치하였다.

근대국가가 출범한 이후 국가의 우열에 대한 비교는 역사철학에서 시작되었다. 이러한 의미에서 선도국가의 기원은 국가를 비교적 관점에서 분석·평가하기 시작한 18세기로 거슬러 올라갈 수 있다. 세계적 차원에서 모범규준(best practice)/국제기준(global standard)을 제공/담지하는 국가에 대한 논의는 계몽주의가 부상한 유럽에서 논의되기 시작하였다.

계몽주의를 기반으로 하는 역사철학은 세계사를 단일한 기준을 중심으로 진보하는 과정으로 해석하였다. 계몽주의 역사철학자들은 세계사를 보편사로서 설정한 후 각국의 민족사를 비교적 시각에서 평가하였다. 이러한 관점에서 계몽주의는 시대별로 모범/귀감이 되는 국가를 선정하였다. 계몽주의의 태두 볼테르는 서구의 역사를 인간 이성의 진보 과정으로 해석하였다. 그는 역사의 변화 요인으로 제도, 문명, 관습을 제시하고, 이것들이 어떻게 변화해왔는가를 체계적으로 고찰하였다. 그에 따르면, 서구 문명의 역사에서 알렉산더 시대 그리스, 시이저와 아우구스투스 시대 로마, 르네상스 시대 이탈리아, 루이 14세 시대 프랑스가 선구적 역할을 수행하였다(Voltaire, 1901; Rosenthal, 1955).

계몽주의 철학자 칸트는 반성적 판단력의 합목적성의 관점에서 세계사를 세계시민사회와 국제연맹체제를 통한 영구 평화의 달성을 위한 과정으로 해석하였다. 그는 세계사의 발전 과정을 예측하는 기준으로 역사징표(Geschichtszeichen)를 제시하였다. 당시 세계사의 진보를 보여주는 역사징표로 프랑스 대혁명을 지지하는 '관객의 사유방식'을 제시하였다(김수배, 1997). 즉 세계사의 진행 과정에서 다른 국가들은 대혁명 이후 등장한 프랑스에서 나타난 역사징표를 본받아야 한다는 것이다.

역사철학을 완성한 헤겔은 서양사와 동양사를 포괄하는 세계사를 자유의 의식 속에서의 진보하는 과정으로 정의하였다. 그는 정신의 자유의 확장 및 상승 과정을 이성의 간지를 선취한 국가의 변화로 설명하였다. 인간 이성과 자유가 진보하는 정도에 따라 동서양의 국가들은 네 가지로 구분되었다. 동양(중국)은 한 사람(전제군주)만 자유로운 사회, 그리스는 소수만 자유로운 사회, 로마는 인간은 그 자체로서 자유롭다는 사실을 자각한 사회, 그리고 게르만(프로이센)은 자연적 조건을 초월하여 모든 인간이 인간으로서 자유롭게 되는 사회이다. 즉 그는 게르만 사회를 가장 높은 수준의 발전 단계로 규정함으로써 프로이센을 세계사에서 가장 대표적인 선도국가로 격상시켰다.

2) 동양

기원전 5세기경 동아시아에서는 기본적인 의식주가 갖추어진 이후 사회가 지향해야 할 방향으로 타자에 대한 배려와 가족 질서의 공적 확대에 대한 관념이 등장하였다. 이 관념은 대동(大同)과 소강(小康)의 두 단계로 설명되었다. 대동사회는 신의와 화목을 기본 정신으로 하고, 능력에 따른 등용, 약자의 보호, 재화와 능력의 사적 전유(專有) 제한 등을 근간으로 한, 경계 없는 초협력 사회를 의미한다. 소강사회는 국가, 가정 등 각 단위 사회의 특수성과 배타성을 인정하고, 그 경계 내에서 구성원 각자가 맡은 바 역할에 충실함으로써 사회의 안정과 발전을 이루어가는 사회이다.

유교사상은 대동과 소강을 발전시켰다. 즉 주나라가 이룩한 제도와 정치운영이 선도국가의 모델로 간주되었다. 유교사상의 시조인 공자,

맹자로부터 송나라의 주자를 거쳐 청나라 말기까지, 그리고 조선의 정도전에서 시작하여 송시열, 정약용에 이르기까지 주나라를 선도국가를 보는 관점은 변함없이 유지되어 왔다.

주나라가 쇠퇴하기 시작한 춘추시대에 활동한 공자는 초기 주나라의 이상적인 국가를 복원해야 한다고 주장하였다. 비록 춘추시대에도 주나라의 제도가 존속하고는 있지만, 그 제도를 운영하는 정치가와 그 제도에 따라 살아가는 인간들의 덕성은 퇴색되었다. 주나라 제도를 정상적으로 작동시키기 위해서 인(仁)의 덕성을 함양하고 유덕자가 정치를 해야 한다.

주나라가 이미 회복할 수 없는 상태에 이른 전국시대에 활동한 맹자는 패권을 다투는 국가들 중에서 새로운 선도국가가 탄생하기를 갈망하였다. 그는 왕도(王道)사상에 따라 인정(仁政)을 실행하는 정치가가 선도국가를 이룩할 수 있다고 주장하였다. 또한 그는 경제적 공정을 실현하기 위해 정전법(井田法)을 실행해야 한다는 점도 강조하였다.

성리학을 집성한 주자는 중국 중심의 천하질서를 추구하였다. 주나라를 선도국가로 간주한다는 점에서 그는 공자와 맹자를 따랐다. 그러나 그는 새로운 방법이 필요하다고 주장하면서 성리학을 대안으로 제시하였다. 그는 중국이 선도국가가 되어 주변국을 통솔하여 천하질서를 구축해야 한다는 점을 강조하였다. 이러한 발상의 근저에는 세계를 중화(문명국)-이적(야만국)으로 구분하는 화이론이 내재되어 있다. 즉 주변국은 천하질서의 주체가 될 수 없다는 것이다.

조선왕조의 이념과 제도를 설계했던 정도전은 소중화국과 중화공동체에 대한 설명을 발전시켰다. 조선은 소중화의 문명국이 되어 명나라 중심의 천하질서의 일원으로 참여해야 한다는 것이다. 그는 대중화

명나라와 소중화 조선이 중화공동체를 형성하여 주변의 이적국들을 통제하는 국제관계를 구상하였다. 이러한 중화공동체 구상은 태종과 세종을 거쳐 실현되고 이후 조선 후기까지 이어졌다.

조선에서 성리학을 발전시킨 이이는 성인 지도자의 도덕국가를 선도국가로 제시하였다. 명분을 바로잡는 것이 정치의 근본이라고 보는 그는 군주와 관료가 바른 도리로서 서로 신뢰해야 나라가 안정된다고 보았다. 즉 시대의 변화를 이해하고 그 변화에 맞추어 제도를 개혁하고 법을 제정하는 시의변통(時宜變通)으로서 민생을 구제하는 것이 정치의 요체라는 것이다. 이를 위해서는 끊임없는 학습과 수양을 통하여 개인의 가치판단 기준을 공적 가치와 일치시킬 수 있는 인재를 양성해야 한다. 능력 있고 공적 가치를 추구하는 인재가 공정하게 추천되고 등용될 수 있는 인재 채용 및 평가 체계의 확립이 중요하다.

송시열은 대중화인 명나라가 멸망한 이후 중화공동체를 유지하는 방법을 고민하였다. 명나라에서 청나라로 교체되었음에도 청나라를 선도국가로 인정할 수 없었던 조선의 상황에서 그는 소중화 조선이 명나라 없는 중화공동체를 유지하는 대안을 제시하였다. 멸망한 명나라보다 더 중화문명국을 지향한다는 점에서 그는 소중화 조선이 청나라를 정벌하는 북벌론을 주장하였다.

아편전쟁 이후 서구 제국주의의 침략을 받아 쇠퇴하는 청나라의 부흥을 위해 강유위는 인간사회에서 자연까지 확장된 대동(大同)세계를 선도국가의 모델로 제시하였다. 그는 인류사회의 전개를 '거란세(據亂世) → 승평세(昇平世) → 대동세(大同世)'라는 필연적 발전 단계로 설정하였다. 인간 모두가 행복을 추구하고 삶에 만족하는 대동세를 이끄는 동력은 불인지심(不忍之心: 남의 어려움을 차마 외면하지 못하는 마음)이다. 국가, 계급, 인종, 남녀, 가정, 재산 등 모든 경계가 사라진 대동세계에서는 동서문명의 차이가 극복되고, 인간들뿐 아니라 모든 생명체가 서로 사랑하는 궁극의 이상세계가 도래될 수 있다는 것이다.

제3장 선도국가에 대한 비판

역사철학의 관점에서 제기된 선도국가론에는 목적론 문제가 내재되어 있다. 즉 특정 선도국가의 모델이 보편화되면 선도성은 결과적으로 소멸된다. 이 문제는 단계론과 수렴론 모두에 해당된다. 먼저 단계론의 문제는 모든 국가가 발전의 마지막 단계에 다 도달하게 되는 시점에 이르게 되면 선도국가와 추종국가를 구분할 수 없게 된다. 선도국가가 계속 존재하기 위해서는 국가 간의 차이가 영속적으로 유지되어야 한다.

수렴론도 모든 국가가 궁극적으로 하나의 기준으로 수렴하여 선도국가와 추종국가 사이의 차이가 사라지게 되는 문제에 직면하게 된다. 따라서 선도국가라는 개념이 지속적으로 유지되기 위해서는 선도국가가 추종국가와 차별성을 강화하여 수렴을 방해/회피해야 한다.

선도국가의 역사적 사례로 거론된 국가들은 대부분 강대국(제국주의)이다. 대부분의 제국주의 국가는 국가이익을 우선시함으로써 세계적 차원에서 평화와 번영을 심각하게 고려하지 않았다. 선도국가의 규범적 측면을 평가하기 위해서는 패권국/강대국의 제국주의와 식민주의가 초래한 문제들을 고려해야 한다. 또한 계몽주의 역사철학에 내재되어 있는 유럽중심주의(오리엔탈리즘)에도 주의해야 한다. 17세기 이후 선도국가에 대한 논의는 유럽 및 미주 국가에만 제한되었다(김종태,

2018). 서구 이외 지역에서 선도국가가 나올 가능성에 대한 부정적 전망은 오리엔탈리즘이라는 비판을 피할 수 없다.

제4장 유사 개념과 비교

정치학과 경제학에서는 국가를 규모/능력 및 발전 수준/단계에 따라 구분을 해왔다. 국제정치학에서 논의되는 패권국, 강대국, 강소국, 중견국 등이 선도국가와 유사한 개념이라 할 수 있다. 경제학에서 경제발전 단계로 구분하는 선진국, 중진국, 개발도상국, 저개발국 중 선진국만 선도국가에 부합한다고 할 수 있다.

1. 패권국 (Hegemon)

패권국은 세계질서를 변화시킬 수 있는 압도적인 능력을 갖춘 국가로 정의되고 있다. 패권국의 숫자에 따라 세계질서는 단극/일극, 양극, 다극으로 구분될 수 있다. 패권국이 필수적으로 보유해야 하는 요소는 경성권력(군사력, 경제력) 및 연성권력(지도력 및 공공재)이 포함되어 있다. 군사적 측면에서 패권국은 대양에서 작전할 수 있는 해군 및 전 세계적으로 공격을 할 수 있는 핵무기와 미사일 체제를 통해 전 세계적 차원에서 전쟁을 억지할 수 있다.

경제적 측면에서 패권국은 세계경제의 성장동력을 제공할 수 있는 새로운 산업을 개척하여 전파해야 한다(Reuveny, Thompson, 2001). 패권국은 많은 국가들이 당면한 문제를 해결하는 데 필요한 국제정책 공조를 통해 국가 간의 이견을 조정할 수 있는 지도력을 보유해야 한다. 마지막으로 패권국은 인류의 생존에 필요한 공공재를 무제한적 그리고 무차별적으로 사용할 수 있도록 제공해야 한다.

패권의 부상과 쇠퇴에는 과학기술이 중요한 영향을 미쳤다. 장주기 이론에 따르면, 패권국은 첨단 과학기술과 산업으로 정의된 선도 부문을 장악함으로써 세계질서를 장악하였다. 선도 부문은 대항해의 시대와 산업혁명을 거치면서 부존자원에서 산업제품으로 변화하였다. 최초의 패권국인 포르투갈, 스페인, 네덜란드는 항로 개척을 통해 수입한 물품을 유통함으로써 국부를 축적하였다. 영국과 프랑스는 산업혁명을 처음부터 주도함으로써 전 세계적 차원에서 식민지를 개척할 수 있었다. 나폴레옹 전쟁의 승전국인 영국이 패전국 프랑스를 제치고 패권국으로 군림하였다.

1800년대 이후 독일과 미국은 중화학공업을 중심으로 하는 후발 산업화를 통해 선발국을 추격하였다. 세계 1, 2차 대전에서 독일은 모두 패전하여 패권국으로 도약하는데 실패하였다. 두 번 다 승전국이 되었던 미국은 제2차 세계대전 이후 영국을 제치고 명실상부한 패권국으로 부상하였다. 냉전 기간 중 유일한 도전자였던 소련이 해체된 이후 미국은 유일한 패권국으로 세계질서를 좌우하였다. 21세기 들어서서 미국에 대한 중국의 도전이 시작되었지만 당분간 미국 중심의 단극 질서가 유지될 것으로 전망된다.

〈표 2〉 장주기 이론

시기	패권국	도전국	선도 부문	국제정치 사건
16세기	포르투갈	스페인	기니어 금, 인도 후추	이탈리아-인도양 전쟁
17세기	네덜란드	프랑스	발틱해, 대서양 무역	네덜란드-스페인 전쟁
18세기	영국	프랑스	아메라시안 무역(설탕)	대동맹 전쟁
19세기	영국	독일	면, 철강, 철도, 증기	나폴레옹 전쟁, 독일 통일
20세기	미국	소련	철, 화학, 전자, 자동차, 항공	1, 2차 세계대전
21세기	미국/중국?	미국/중국?	IT	미중 무역전쟁?

출처: Rosecrance, 1987; Modelski, 1990; Thompson, 2006.

'콘트라티에프(Kondratiev) 파동' 개념은 기술변화가 국제정치의 변동에 미치는 주기적 영향을 설명하는데 도움이 된다. 1780년대~1850년대 산업혁명을 먼저 시작한 영국과 프랑스가 면직과 증기기관을 먼저 활용하여 패권국의 지위를 차지하였다. 1850년대~1890년대에는 독일과 미국이 중화학공업을 발전시키면서 영국과 프랑스의 패권에 도전하였다. 1890년대~1940년대 전자산업과 중화학공업에서 미국과 독일이 약진하였는데, 두 차례의 세계대전에서 진 독일은 몰락한 반면 이긴 미국은 패권국으로 도약하였다.

1940년대~1980년대 자동차, 항공기, 원자력, 유기화학에서 미국과 소련이 경쟁하였다. 1980년대~2020년대 미국이 마이크로전자공학, PC, 인터넷 산업을 비약적으로 발전시키는 데 성공하는 동시에 냉전에서 소련에게 승리하였다. 2020년대~2050년대에는 바이오, 첨단IT, 신에너지원을 놓고 미국과 중국이 경쟁할 것으로 예상된다.

시기	기술	국제정치적 변화
1780년대~1850년대	면직, 증기기관	나폴레옹 전쟁
1850년대~1890년대	철도, 철강, 증기선	독일 통일
1890년대~1940년대	전자 및 중화학	1, 2차 세계대전
1940년대~1980년대	자동차, 항공기, 원자력, 유기화학	냉전
1980년대~2020년대	마이크로전자공학, PC, 인터넷	탈냉전
2020년대~2050년대	바이오, 첨단IT, 신에너지원	미중 경쟁?

출처: Akaev, Pantin, 2014.

2. 강대국 (Great power)

강대국은 국력을 전 세계적/ 지역적으로 투사할 수 있는 능력을 가진 국가로 정의될 수 있다. 강대국은 힘(군사력 및 경제력), 공간(영토), 자원(인구 및 부존자원) 등을 다른 국가들에 비해 월등히 많이 가지고 있다. 국력과 영향력의 측면에서 강대국은 패권국보다는 한 단계 낮은 수준으로 평가된다.

강대국의 흥망에 가장 큰 영향을 미친 요소는 경제성장과 전쟁이라 할 수 있다. 장기간 부국강병에 성공한 국가들은 강대국 지위를 계속 유지할 수 있었다. 세계질서가 민족국가 체제로 전환된 16세기 이후 포르투갈, 스페인, 프랑스, 영국, 네덜란드, 터키(오스만 제국), 스웨덴, 오스트리아, 러시아(소련), 독일, 미국, 일본, 이탈리아 등이 강대국으로 인정을 받았다. 이 중 터키, 스웨덴, 오스트리아, 이탈리아 등은 세계적 차원이 아닌 지역적 차원에서 영향력이 제한되었다.

<표 4> 글로벌 파워와 강대국의 전이

구분	글로벌 파워					강대국					
	1494~1608	1609~1713	1714~1815	1816~1945	1946~	1700	1800	1875	1910	1935	1945
포르투갈	×										
스페인	×	×	×			×					
프랑스	×	×	×	×		×	×	×	×	×	
영국	×	×	×	×		×	×	×	×		
네덜란드	×	×	×			×					
터키						×					
스웨덴						×					
오스트리아						×	×	×	×		
러시아(소련)		×	×	×		×	×	×	×	×	×
독일				×			×	×	×	×	
미국				×	×				×		×
일본				×					×	×	
이탈리아								×	×	×	

출처: Thompson, 1986.

3. 선진국 (advanced/developed country)

선진국은 정치·경제·사회·문화가 고도로 발전한 국가를 의미한다. 정치적으로는 민주주의와 인권이 가장 중요한 기준이다. 경제적으로는 소득 수준, 첨단 산업 및 대외원조가 많이 활용되는 지표이다. 사회적으로는 안전하고 풍요롭게 사는데 필요한 조건을 평가하는 삶의 질이 높아야 한다. 문화적으로는 개인의 자율성과 창의성을 보장하는 제도와 환경이 필수적으로 보장되어 있어야 한다.

〈표 5〉 선진국 평가지표

정의	기관	내용
고소득 국가	세계은행	1인당 국민총소득(GNI) 12,536 달러 (83개국)
선진경제	IMF	GDP, 수출입 및 인구 (39개국)
개발원조	OECD	개발원조위원회 (28개국)
인간개발	UNDP	인간개발지수(기대수명, 소득, 교육) 0.8 이상(66개국)
연성권력	Portland	연성권력 (30개국)

출처: World Bank, 2020; OECD, 2020; UNDP, 2020; Portland. 2020.

4. 강소국 (Advanced small power)

강소국은 인구, 국토, 경제 규모는 작지만 소득 수준과 삶의 질이 높은 국가를 의미한다(김인춘, 2007). 강소국은 작은 정부, 규제 완화, 우수한 인적자원 육성, 유연한 노사관계라는 특징을 가지고 있다. 경제개발협력기구(OECD) 회원국으로 국제경영개발원(IMD), 세계경제포럼(WEF) 등이 집계하는 국가경쟁력 순위에서 상위권으로 평가되고 있다. 세계시장에 통합과 사회복지를 성공적으로 조화시킨 북유럽과 동아시아의 소규모 개방경제(Small open economy)가 세계화의 모범 사례로 평가되고 있다. 북유럽에서는 룩셈부르크, 노르웨이, 아이슬란드, 아일랜드, 스위스, 덴마크, 스웨덴, 네덜란드, 핀란드, 오스트리아, 벨기에, 동아시아에는 싱가포르와 홍콩이 대표적인 사례다.

이 국가들은 노사정 합의를 핵심으로 하는 민주적/사회적 조합주의(democratic /social corporatism)를 통해 세계화로 피해를 보는 계층/산업을 지원하였다. 경제 규모가 작아 국내시장에서 성장하는데 한계가 있는 '작은 연못의 큰 물고기'(big fish in a small pond)가 세계무대에서 활

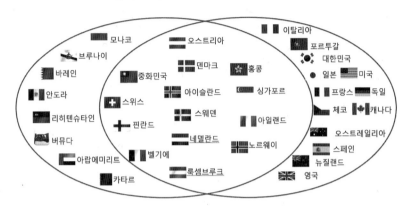

[그림 2] 강소국: 선진국과 고소득국 비교

출처: 허원제, 2015: 26.

동할 수 있도록 정책을 유연하게 적용하였다. 글로벌 인재육성, 산·학·연 연계 교육, 연구개발(R&D) 투자를 통해 과학기술에서도 높은 수준의 국가혁신역량을 유지하고 있다(임채성, 2003).

5. 중견국 (middle, intermediate, mid-size, medium, mid-level power)

중견국은 강대국보다는 약하지만 약소국보다는 강한 국가로서 국제사회에서 독자적인 영향력을 행사할 수 있는 국가로 정의된다(김치욱, 2009). 중견국을 정의하는 방식으로는 국가 속성(National Attributes) 접근법과 행태적(Behavioral traits) 접근법이 있다. 전자는 물질적 요소(지리, 인구, 군사, 경제, 기술 등의 지표에서 상부와 하부의 중간에 위치하는 국가)와 비물질적 요소(국가 구조, 내적인 단결, 국가 평판, 정치 또는 도덕적 영향력, 동맹 또는 경제 또는 정치기구에서의 지위, 네트워크)를 실증적 지표의 기준으로 한다. 후자는 규범적 측면에서 다른 국가들과 근본적으로 다른 규범적 의지(impulse)를 공유하는 규범기획자(norm entrepreneurship) 및 강대국과 약소국 사이에서 타협하고, 연합을 형성하며, 국제기구에 참여하고, 합의를 끌어내 국제질서를 유지하는데 기여하는 선한 국제 시민(good international citizen)이라는 두 가지 역할을 강조한다(강선주, 2015). 인도, 브라질, 호주, 캐나다, 벨기에, 덴마크, 스웨덴, 스페인, 노르웨이, 스위스 등이 이 기준에 부합하는 국가로 평가되고 있다.

중견국이 강대국과 같은 역할을 할 수 있는 중견국은 '중추적 중견국'(pivotal middle power)으로 불린다. 중추적 중견국은 "다자체제에 적극 참여할 뿐 아니라 이 국가들 사이에서 어젠다를 선점하거나 개발하고, 다자체제를 더욱 강화하고 정례화를 주도하며, 다자체제 사무국을 설립하고 운영할 의지가 있고, 주도적 역할을 맡을 국력 또는 능력을 보유하고 있는 국가"(김우상, 2013: 334)이다. 중추적 중견국은 패권국이나 강대국이 개입하지 않더라도 인류 전체에 영향을 줄 수 있는 인권, 인도적 지원 또는 개입, 지속가능한 발전, 기후변화, 녹색성장, 자연재해, 해적 퇴치, 테러 방지, 핵확산 방지, 평화유지 등 인간안보 문제에 대한 국제정책 공조에서 강대국 못지 않은 영향력을 발휘할 수 있다.

중견국의 영향력은 네트워크의 허브 역할에서 나오는 경우도 있다. 상호의존의 심화로 네트워크의 허브에 있는 중견국은 중개자로서 국제협력을 주도할 수 있다. 네트워크의 허브를 차지하기 위해서는 국가들 사이의 정보가 단절되는 구조적 공백을 메울 수 있는 능력이 필요하다. 구조적 공백을 메운 중개자로서 중견국은 다른 국가보다 더 많은 정보와 능력을 바탕으로 대안을 제시할 수 있다. 동양과 서양,

[그림 3] 중견국: 강대국과 약소국과 비교

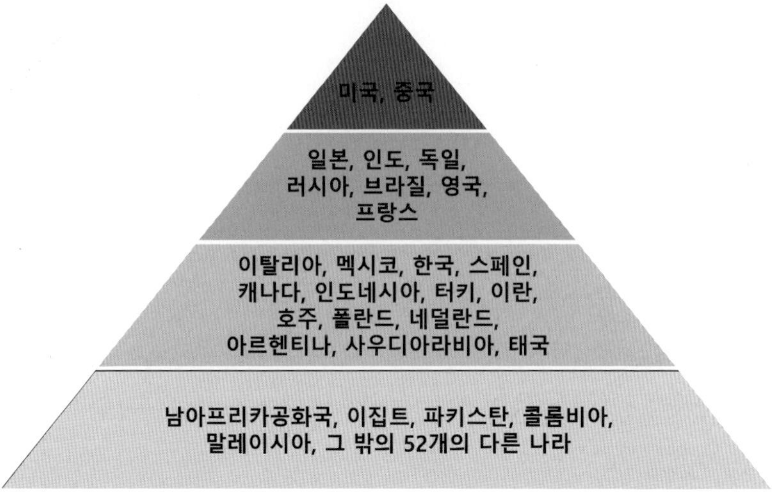

미국, 중국

일본, 인도, 독일,
러시아, 브라질, 영국,
프랑스

이탈리아, 멕시코, 한국, 스페인,
캐나다, 인도네시아, 터키, 이란,
호주, 폴란드, 네덜란드,
아르헨티나, 사우디아라비아, 태국

남아프리카공화국, 이집트, 파키스탄, 콜롬비아,
말레이시아, 그 밖의 52개의 다른 나라

출처: Gilley, Neil(eds.) 2014.

그리고 개도국과 선진국의 교차로에 위치한 한국은 중개자로서 역할
을 할 수 있는 잠재력을 보유하고 있다(김상배, 2011).

제5장 유사 개념에 대한 비판

선도국가는 다른 국가들에게 발전/진보의 모범규준/국제기준을 제시하고 실천한다는 점에서 다른 국가들보다 압도적인 국력을 전 세계에 투사하는 강대국/패권국과 다르다. 선도국가가 제공하는 모범규준/국제기준은 다른 모든 국가들이 어떠한 대가나 비용을 치르지 않고 사용할 수 있다는 점에서 자국에 대한 도전을 용인하지 않는 패권국이 제공하는 공공재와 차이가 있다.

선도국가는 세계적 차원의 평화와 번영을 위한 책임과 의무를 자발적으로 이행하는 반면, 패권국/강대국은 자국의 국가이익을 극대화하기 위해 부국강병을 추구하기 때문에 국제법과 국제규범을 존중하려 하지 않는다.

선도국가는 선진국과도 다른 개념이다. 선도국가는 물질적 요소뿐 아니라 정신적 요소를 포함하는 거버넌스를 중시한다는 점에서 근대화론이 상정하는 발전과정의 최종 단계인 선진국과 차별화된다. 후진국이 발전하여 선진국으로 수렴하게 되면 선진국과 발전도상국/저개발국 사이의 구분이 소멸되어 국가들을 분류하는 의미가 상실된다.

강소국 역시 선도국가와 근본적으로 다르다. 강소국은 특정한 조건에서 가능한 예외적인 사례이기 때문에 세계적 차원에서 보편적으로 적용하는 데는 한계가 있다. 영국의 브렉시트, 미국의 트럼프 현상이 보여주듯이, 포퓰리즘과 보호주의 속에서 개방경제와 공정한 분배의 조화가 얼마나 지속가능한가에 대해서는 불확실성이 존재한다.

중견국도 선도국가와는 질적으로 구분된다. 중견국의 위상과 역할은 중개/중재/타협에 집중되어 있기 때문에 선도국가의 개념에는 부합하지 않는다. 단 '선한 국제 시민'으로 중견국은 규범적 의미의 선도(善導)와 유사하다는 점에서 의미가 있다.

제6장 역사적 사례: 산업혁명의 선도국가

선도국가가 인류의 평화와 번영에 기여할 수 있는 대안을 선제적으로 제시하고 실천한다는 점에서, 산업혁명은 선도국가의 충분조건은 아니지만 필수조건이라 할 수 있다. 산업혁명을 선취한 영국과 미국은 다른 국가들에게 산업화와 경제발전의 모범을 제공하였다. 16세기 이후 등장한 패권국과 강대국 중에 1차 산업혁명을 주도한 영국이 19세기, 2차 및 3차 산업혁명을 이끌었던 미국이 20세기 선도국가로 간주되고 있다.

〈표 6〉 산업혁명의 역사적 전개와 특징

구분	1차 산업혁명	2차 산업혁명	3차 산업혁명 ?
시기	1760~1830 (1750~1850)	1870~1920 (1850~1930)	1960~ ? (1945~ ?)
주도 국가	영국	독일, 미국	미국, 일본
주요 산업	면공업, 철공업, 증기기관, 공작기계	염료산업, 전기산업, 통신, 자동차	컴퓨터, 반도체, 자동화, 인터넷
주요 기술 혹은 사건	- 1709 코크스 제철법 - 1769 수력방적기 - 1769 분리응축기 - 1776 와트의 증기기관 　상업화 - 1783 회전식 증기기관 - 1785 역직기	- 1856 전로법 - 1856 인공염료 - 1876 전화 - 1879 백열등 - 1886 가솔린 자동차 - 1888 교류용 전동기 - 1896 무선전신	- 1946 에니악 - 1947 트랜지스터 - 1958 집적회로 - 1962 산업용 로봇 - 1969 PLC 모디콘084 - 1969 아르파넷 - 1973 DNA 재조합 기술

구분	1차 산업혁명	2차 산업혁명	3차 산업혁명 ?
주요 기술 혹은 사건	- 1789 방직기와 증기기관의 결합 - 1797 나사절삭용 선반 - 1804 증기기관차 - 1830 리버풀-맨체스터 철도	- 1903 비행기 - 1908 모델 T - 1914 컨베이어벨트	- 1977 애플 II - 1981 IBM 호환용 PC - 1994 인터넷 대중화
과학 기술적 변화	• 기술혁신의 상호연관성 강화 • 과학과 기술의 간접적 연결	• 오늘날의 많은 기술 시스템 출현 • 과학의 내용이 기술에 활용되기	• 다양한 기술의 결합 혹은 융합 • 과학과 기술이 밀착되기 시작 '과학기술' 탄생
경제적 구조의 변화	• 공업 중심의 경제로 전환 • 지속적인 경제성장의 국면에 진입	• 대기업이 경제성장을 주도하기 시작 • 후발공업국의 본격적 산업화	• 벤처기업이 중요한 혁신 주체로 등장 • 세계경제의 서비스화 및 글로벌화
사회 문화적 변화	• 계급사회의 형성과 기계파괴운동	• 기술에 대한 인류의 의존도 심화	• 첨단기술의 사회적 문제 대두
관련 단어	• 공장제, 공업사회, 자본주의	• 후발산업화, 경영혁명, 포드주의	• 탈산업사회, 제3물결, 정보혁명

출처: 송성수, 2017.

1. 1차 산업혁명: 19세기 영국

기술적 측면에서는 1차 산업혁명은 역사상 최초로 인류가 기계를 활용해 대량생산에 성공한 사례다. 조직적 측면에서는 소규모 인원으로 참여하는 가내수공업과는 다른 대규모 인력과 장비가 동원되는 공장제도가 등장하였다. 경제적 측면에서는 대량생산된 상품을 판매할 수 있는 시장이 국내는 물론 국외에서의 확장(제국주의를 통한 해외 식민지 개척의 결과)을 바탕으로 광범위한 자본축적이 이루어졌다. 사회적 측면에서는 영주와 농노로 구성된 봉건제가 자본을 제공하는 산업자본가와 노동력을 제공하는 임금노동자를 중심으로 한 계급사회로 변화되었다.

선도국가로서 영국은 자유민주주의의 제도화라는 정치발전의 전범을 제공하였다. 영국은 산업혁명 이후 세계 최초로 자유민주주의 제도를 발전시킴으로써 봉건적 정치제도의 한계를 극복하였다. 1832년 선거법의 제1차 개정에서 중산층, 1867년 제2차 개정에서 노동자계급, 1884년과 1885년의 제3차 개정에서 농민의 참정권을 지속적으로 확대하여 민주적 선거제도의 근간을 강화하였다. 1838~1848년 차티스트운동(Chartist Movement)은 열악한 환경에서 일하며 낮은 임금을 받고 있었던 노동자의 정치적 권리를 신장시키는데 기여하였다. 또한 1832년 노예제를 세계 최초로 폐지함으로써 인권과 민주주의 신장에 결정적인 기여를 하였다.

영국의 경제는 방적기, 증기기관, 철도의 발명 이후 폭발적으로 성장하였다. 농촌 지주를 보호하기 위해 제정된 곡물법이 제조업에 종사하는 산업자본가의 압력으로 1846년 폐지되면서 세계 최초로 자유무역을 채택하였다. 1860년 프랑스와 체결한 콥든-슈발리에 협정을 통해 자유무역을 유럽 국가들에게 확산시켰다. 1832년 세계 최초로 금본위제를 채택하였으며 영란은행은 국제금융질서에서 최종 대부자(lender of last resort) 역할을 수행하였다.

노동자 권리 신장과 사회복지의 확대도 영국에서부터 시작하였다. 노동자의 작업 환경과 처우를 개선하기 위해 1802년 「공장법」을 제정하였으며, 그 후 여러 차례 개정을 하여 노동자의 권리가 많이 신장되었다. 빈곤층 문제 해결을 위해 1834년 「구빈법(Poor Law Act)」을 개정하였는데, 이는 구제받을 수 있는 권리(right to relief)를 최초로 인정한 사례다. 구빈법에 내재된 한계를 극복하기 위해 민간에서는 자선조직협회(Charity Organization Society) 및 인보관운동(Settlement house movement)을 조직하였다.

영국의 산업혁명은 과학기술의 발전에 기반을 두었다. 1799년 설립된 왕립연구소(Royal Institution)는 1660년 결성된 왕립학회(Royal Society)보다 과학의 대중화를 더 중시하였다. 1851년 만국 산업 제품 대박람회(Great Exhibition)를 통해 영국이 성취한 과학기술 성과를 세계적 차원에서 과시하였다. 1852년에는 정부 차원의 과학기술 개발 및 교육을 지원하기 위해 과학예술부를 신설하였다.

2. 2차 산업혁명: 20세기 미국

2차 산업혁명의 선도국가는 미국이었다. 기술적 측면에서는 철강, 석유화학, 자동차, 선박을 포함한 중화학공업이 등장하고 전기가 산업은 물론 가정에서 광범위하게 사용되기 시작하였다. 조직적 측면에서는 대규모 노동자를 고용한 대기업에서 과학적 관리를 위한 경영기법이 등장하여 생산관리가 체계화되었다. 경제적 측면에서는 후발국이 선발국을 추격하기 위한 보호주의 전략인 유치산업보호를 추구하였다. 사회적 측면에서는 대량생산된 제품이 생활필수품이 되면서 기술 의존도가 심화되었다.

미국은 자유민주주의의 세계적 확산에 결정적으로 기여하였다. 우드로 윌슨 대통령은 1918년 〈14개조 평화원칙〉에서 제1차 세계대전 이후 국제질서의 방향을 제시하고 국제연맹을 설립하는데 결정적 역할을 수행하였다. 프랭클린 루스벨트 대통령은 제2차 세계대전 직후 국제연합(UN)을 창설하여 세계 평화와 번영을 유지하는 국제질서를 형성하는 데 크게 공헌하였다.

경제적 측면에서 미국은 자본주의를 개선하는 데 모범을 보여주었다. 프랭클린 루스벨트 대통령은 자유방임주의적 자본주의에 내재된 한계를 극복할 수 있는 대안인 뉴딜정책을 통해 대공황을 극복하였다. 제2차 세계대전 직후 국제통화기금(IMF), 세계은행, 관세와 무역에 관한 일반협정(GATT)으로 구성된 브레튼우즈 체제를 구축하여 전후 자유주의적 국제경제 질서의 초석을 마련하였다.

사회적 차원에서도 미국은 노동자 권리 신장과 사회복지를 확대하는데 앞장섰다. 1935년 제정된 「전국노동관계법(National Labour Relations Act)」은 노동자의 권리를 획기적으로 신장시켰다. 1935년 「사회보장법(Social Security Act)」 제정은 취약층을 보호할 수 있는 복지국가의 기틀을 확립하였다.

미국의 가장 큰 기여는 정보통신기술(ICT) 혁명을 이끈 과학기술 분야에 있었다. 1950년대 실리콘밸리에서 정보통신기술이 발전하기 시작하여 전 세계로 전파되었다. 1980년대 초반 미국 국립과학재단(NSF)이 컴퓨터 과학망(CSNET)을 개발하여 인터넷 혁명이 시작되었다.

제7장 21세기 선도국가: 조건과 과제

1. 21세기 산업혁명 논쟁

1차/2차 산업혁명의 역사적 경험을 볼 때, 3차/4차 산업혁명에서 핵심적 역할을 하는 국가가 21세기 선도국가가 될 가능성이 크다. 미국과 중국은 4차 산업혁명의 주도권을 잡기 위해 과학기술 분야에서 치열하게 경쟁하고 있다. 4차 산업혁명의 주요 분야에서 미국과 중국 외에도 독일, 일본, 영국, 프랑스, 러시아, 한국 등이 각축하고 있다(이성우, 2017).

21세기 산업혁명은 디지털화처럼 다양한 분야에서 발전한 기술들이 융합되어 새로운 기술로 발전하는 추세가 강화되는 특징을 가지고 있다. 과학적 발명과 발견의 성과가 응용기술로 발전하는 과정이 단축되고 가속화되고 있다. 많은 노동자를 고용한 대기업이 아니라 소수가 창업한 벤처기업이 혁신의 주체 역할을 하고 있다. 산업의 중심이 제조업에서 서비스산업으로 이전하는 것은 물론 제조업과 서비스산업의 경계도 모호해지고 있다.

1차 및 2차 산업혁명과 달리, 21세기 산업혁명의 내용과 시기 구분에 대해서는 합의가 존재하지 않는다. 이제 막 시작했거나 아직 진행 중이라는 점에서 자연과학계에서는 21세기 산업혁명을 엄밀한 학술

<표 7> 리프킨의 3대 '규정 기술'과 산업혁명의 재구성

3대 규정 기술	1차 산업혁명	2차 산업혁명	3차 산업혁명 ?
통신	증기기관을 이용한 인쇄술과 전신	중앙집중화된 전기, 전화, 라디오, TV	인터넷
에너지원	석탄	석유	재생가능 에너지 인터넷(스마트그리드)
운송 수단	국가 철도 시스템	내연기관 자동차와 국가 도로 시스템	무인자동차 및 물류 인터넷

출처: 김석관, 2018.

<표 8> 슈밥의 4차 산업혁명

구분	시작 연도	해당 기술	주력 부문
1차 산업혁명	1784년	역직기	수력과 증기력, 기계적 생산설비
2차 산업혁명	1870년	생산라인	분업, 전기, 대량생산
3차 산업혁명	1969년	Modicon 084	전자공학, 정보기술, 자동화 생산
4차 산업혁명	?	?	CPS(cyber-physical system)

출처: 송성수, 2017.

개념이라기보다는 이론화를 위한 작업 가설로 간주하고 있다. 이러한 논란에도 불구하고 21세기 산업혁명은 2차 산업혁명과는 근본적으로 차이가 있다는 점은 분명하다.

21세기 산업혁명에 대해 리프킨은 3차, 슈밥은 4차로 규정하였다. 리프킨과 슈밥은 정보통신기술(ICT)의 발전이 3차 산업혁명을 추동했다는 점에서는 동의한다. 그러나 강조점에서는 차이가 있다. 리프킨은 에너지가 미치는 영향에 주목하면서 화석연료에서 신재생에너지로의 전환을 3차 산업혁명의 핵심으로 강조하였다(Rifkin, 1995; Jeremy, 2014). 반면 슈밥은 ICT가 과학·기술·산업을 넘어 정치·경제·사회·문화 전반의 디지털화로 발전한다는 점에서 3차 산업혁명과 4차 산업혁명을

[그림 4] 산업화 4대 요소의 변화

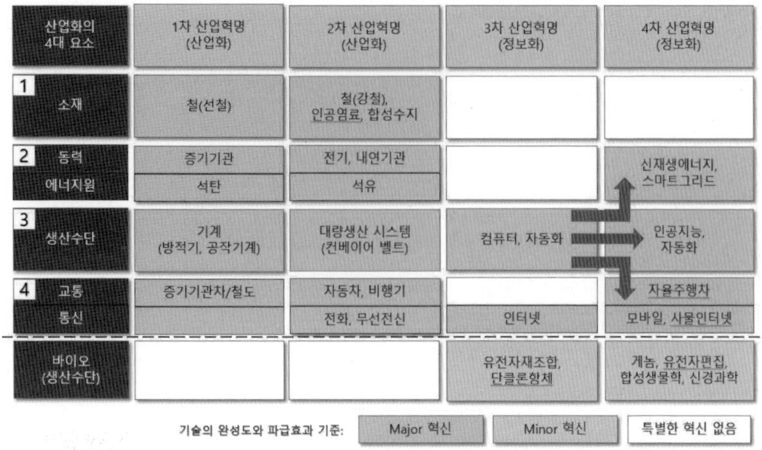

산업화의 4대 요소	1차 산업혁명 (산업화)	2차 산업혁명 (산업화)	3차 산업혁명 (정보화)	4차 산업혁명 (정보화)
1 소재	철(선철)	철(강철), 인공염료, 합성수지		
2 동력 에너지원	증기기관 석탄	전기, 내연기관 석유		신재생에너지, 스마트그리드
3 생산수단	기계 (방적기, 공작기계)	대량생산 시스템 (컨베이어 벨트)	컴퓨터, 자동화	인공지능, 자동화
4 교통 통신	증기기관차/철도	자동차, 비행기 / 전화, 무선전신	인터넷	자율주행차 / 모바일, 사물인터넷
바이오 (생산수단)			유전자재조합, 단클론항체	게놈, 유전자편집, 합성생물학, 신경과학

기술의 완성도와 파급효과 기준: Major 혁신 | Minor 혁신 | 특별한 혁신 없음

출처: 김석관 외, 2017: 303.

구분하였다(Schwab, 2016).

1, 2차 산업혁명과 비교할 때 21세기 산업혁명에서는 소재 및 에너지원의 혁명적 변화가 없는 반면, 생산수단과 교통통신에서는 큰 변화가 예상된다. '산업화의 4대' 요소인 소재, 생산수단, 에너지원, 교통통신수단을 중심으로 비교해보면 3차 산업혁명은 에너지 전환, 4차 산업혁명은 디지털 전환을 각각 중시하고 있다. 이러한 점에서 3차 산업혁명은 그린 뉴딜, 4차 산업혁명은 디지털 뉴딜의 이론적 기반을 제공하고 있다고 볼 수 있다. 따라서 양자를 배타적인 개념으로 구분하기보다는 동시적으로 수행해야 하는 과제로 인식하는 것이 타당하다.

2. 3차 산업혁명: 에너지 전환

3차 산업혁명의 핵심은 화석연료 사용을 감축하여 기후변화를 예방하는 데 있다. 석탄, 석유, 가스를 포함한 화석연료를 사용한 산업화는 이산화탄소 배출량을 급속하게 증가시키는 부작용을 초래하였다. 탄소배출량 증가는 지구온난화를 가속화시켜 평균 온도가 섭씨 1.5도에서 3.5도 상승하는 기후변화가 나타나고 있다. 기후변화는 태풍, 해수면 상승, 사막화 등 자연재해를 빈번하게 발생하게 만드는 것은 물론 동식물을 멸종시키는 생태계의 교란으로 이어지고 있다.

기후변화의 위험을 막기 위해서는 화석연료에 기반을 둔 산업구조를 근본적으로 변화시켜야 한다. 화석연료를 대체할 수 있는 재생 및 청정 에너지원을 개발하는 에너지 전환이 필수적이다. 대규모 발전시설에 의존하는 중앙집중형이 아니라 가정에서 설치된 소규모의 발전시설이 네트워크로 묶여 공동으로 운영되는 분권형이 더 효과적이다. ICT 기술과 신재생에너지가 융합하는 스마트 그리드를 통해 에너지 효율성이 제고될 수 있다.

에너지 전환에서 가장 중요한 원칙은 재생가능 에너지로 전환한다는 것이다. 모든 대륙의 건물을 현장에서 재생가능 에너지를 생산할 수 있는 미니 발전소로 변형한다. 모든 건물과 인프라 전체에 수소 저장 기술 및 여타의 저장 기술을 보급하여 불규칙적으로 생산되는 에너지를 보존한다. 인터넷 기술을 활용하여 모든 대륙의 동력 그리드를 인터넷과 동일한 원리로 작동하는 에너지 공유 인터그리드로 전환한다. 이 과정에 수백만 개의 빌딩이 소량의 에너지를 생성하면 잉여 에너지는 그리드로 되팔아 대륙 내 이웃들이 사용할 수 있게 한다. 교통

수단을 전원 연결 및 연료전지 차량으로 교체하고 대륙별 양방향 스마트 동력 그리드 상에서 전기를 사고 팔 수 있게 한다(Rifkin, 2011: 59).

에너지 전환은 정치경제 질서의 변환을 수반한다. 2차 산업혁명의 화석연료 산업은 대규모 시설을 건설하고 관리해야 하기 때문에 경제적으로는 대자본의 중앙집중형, 정치적으로 위계형 관료제 모델에 기반을 두고 있었다. 중앙집중형 및 위계형 모델은 빈부격차를 심화시켜 정치·경제·사회 양극화를 악화시켰다. 반면 3차 산업혁명의 재생 및 청정 에너지산업은 가정과 중소기업의 네트워크에 기반을 둔 분산형 협력을 추구할 수 있게 해 준다. 오픈소스와 공유경제와 같이 공동체의 협력을 전제로 한 수평적 분권형 거버넌스 모델이 더 효율적인 대안이 될 가능성이 있다.

국내와 마찬가지로 수평적 분권형 거버넌스 모델은 세계적인 차원에서도 실현 가능하다. 대륙 내에서 그리고 대륙 간 분산형 재생에너지 연계망 구축은 에너지 생산과 소비의 효율성을 제고한다. 궁극적으로 에너지 전환은 전 세계적 차원에서 에너지 시장을 통합함으로써 국가 간 불평등 및 불균등을 완화하는 것을 목표로 한다. 이러한 배경에서 점점 더 많은 국가들이 탄소중립을 국정 목표로 설정하였다.

- 부탄과 수리남은 이미 탄소중립을 달성하였음
- 2025~2030년: 에티오피아
- 2030년: 우루과이, 몰디브
- 2035년: 핀란드
- 2040년: 오스트리아
- 2045년: 아이슬란드, 스코틀랜드, 스웨덴

- 2050년: 유럽연합(EU), 안도라, 아르헨티나, 벨기에, 칠레, 코스
타리카, 크로아티아, 덴마크, 피지, 프랑스, 헝가리, 독
일, 그레나다, 아일랜드, 일본, 마샬 아일랜드, 네팔, 뉴
질랜드, 노르웨이, 파나마, 파라과이, 페루, 포르투갈,
파나마, 슬로바키아, 슬로베니아, 남아프리카공화국,
한국, 스페인, 스위스, 미국, 영국, 바티칸
- 2060년: 브라질, 중국, 카자흐스탄
- 2050~2100년: 호주, 싱가포르(Wikipedia, 2021)

〈표 9〉 그린뉴딜 정책 비교

구분	미국	EU	독일	영국	중국	인도
탄소중립 목표시점	2050년	2050년	2050년	2050년	2060년	-
정책	청정에너지 혁명과 환경정의 계획	유럽그린딜	2030 기후행동 프로그램	녹색산업 혁명	신형인프라	-
추진체계	연방정부	EU 집행위	기후 내각	기후변화 내각 위원회	정치국 상무 위원회	중앙정부 일부 주정부
예산	1.7조 달러	1조 유로	460억 유로	120억 파운드	분야별 상이	분야별 상이
중점 추진 분야	친환경차 재생에너지 (풍력· 태양광), 스마트시티 및 그린시티	그린 모빌리티, 재생에너지 (풍력·수소), 건물 에너지 효율화, 청정· 순환경제	친환경차, 재생에너지 (풍력), 건물 에너지 효율화	친환경차, 재생에너지 (풍력), 건물 에너지 효율화	친환경차, 재생에너지 (풍력· 태양광), 도시 재생 및 스마트시티	친환경차, 재생에너지 (풍력· 태양광), 스마트시티

출처: 이주미, 2021.

2021년 11월 영국 글래스고에서 열리는 제26차 유엔기후변화회의 (COP26)에서 글로벌 그린 뉴딜에 대한 합의가 도출될 것으로 기대된다. 그린뉴딜을 추진하기 위한 정책은 국가별로 차이가 있다.

3. 4차 산업혁명: 디지털 전환

4차 산업혁명은 디지털 기술의 발전에 기반을 두고 있다. 기존에 있는 기술들이 디지털 기술과 융합하는 현상이 가속화되고 있다. 디지털 기술은 수확체감의 법칙이 적용되지 않는다는 특징을 가지고 있어 기존 기술의 생산성을 비약적으로 증가시키고 있다.

〈표 10〉 슈밥의 4차 산업혁명론에서 언급된 기술 동인들

구분	번호	기술, 제품 등
물리적 기술	1	무인운송(자율주행차, 드론)
	2	3D 프린팅
	3	로봇공학
	4	신소재(그래핀 등), 재료공학
	5	나노기술
	6	재생가능 에너지
	7	에너지 저장기술
	8	유전자 편집
바이오 기술	9	유전자 시퀀싱
	10	합성생물학
	11	정밀의료
	12	웨어러블 기기/인터넷
	13	신경과학
	14	생명공학

구분	번호	기술, 제품 등
디지털 기술	15	사물인터넷, 센서
	16	블록체인과 비트코인
	17	온디맨드 공유경제
	18	모바일 기기/인터넷, 체내 삽입형 모바일폰, 유비쿼터스 컴퓨팅, 스마트폰
	19	인공지능과 기계학습
	20	퀀텀 컴퓨팅
	21	디지털 정체성(SNS 등)
디지털 기술	22	시각 인터페이스(구글 글래스)
	23	클라우드 컴퓨팅
	24	커넥티드 홈
	25	스마트 시티
	26	빅 데이터

출처: 김석관, 2018: 119.

디지털 전환은 이전과는 전혀 다른 경제적 결과를 가져오고 있다. 인간의 노동력을 대체할 수 있는 기술혁신으로 고용 없는 성장이 가능해졌기 때문이다. 기술혁신은 대규모 노동력이 아니라 소수의 혁신가에 의해 이뤄지기 때문에 투자가 고용을 유발시키는 효과가 반감되고 있다. 인공지능과 자동화가 계속 진행될 경우 고용 감소와 실업 증가로 소득 불평등과 빈부격차가 심화되는 부작용이 증폭될 수밖에 없다. 인건비가 감소하면 개도국에 있던 생산시설을 선진국으로 이전하는 리쇼어링(reshoring)이 발생하여, 선진국과 개도국 사이의 격차가 더 확대될 가능성도 배제할 수 없다.

디지털 전환은 정치사회에 변화를 초래하고 있다. ICT 산업을 중심으로 확산되는 휴먼 클라우드(human cloud)는 고용의 안정성을 약화시키고 있다. 디지털 플랫폼에서 상품과 서비스를 구매하는 온라인 소비는 빅데이터와 AI의 역할을 확대시키고 있다. 이러한 변화는 한편으로는 공동체 문화를 약화시키지만 다른 한편으로는 공유 문화의 탄생으로 이어지고 있다. 정치에 관한 정보를 더 쉽게 획득할 수 있으며 불특정 다수의 개인들이 소셜네트워크서비스(SNS)를 통해 여론을 조성할 수 있는 가능성이 확대되고 있다. 정책결정 과정이 투명하게 공개됨으로써 정부와 의회의 권위와 정통성이 약화되는 경향이 나타나고 있다. 포퓰리즘과 테러리즘을 조장하는 극단주의 세력이 이러한 상황을 악용하는 부작용도 있다.

3차든 4차든 산업혁명을 통해 현재 인류가 직면한 위기를 극복하는 모범을 제시한 국가가 '세계 선도국가'가 될 것이다. 21세기 패권국의 지위를 차지하기 위해 3차 및 4차 산업혁명에서 경쟁하는 중국과 미국은 포스트 코로나 세계에 부합하는 거버넌스에 대한 대안을 제시하지 못하고 있다. 미국과 중국은 자국의 국가이익을 극대화하고 타국의 부상을 견제하고 방해하는데 집중하고 있다. 1, 2차 산업혁명을 선도했던 EU 국가들도 위기를 초기에 통제하는데 실패한 이후 새로운 대안을 제시하기는커녕 백신 민족주의에 편승하는데 급급하고 있다. 위기를 효율적인 동시에 안전하게 관리하는 데 성공한 한국과 대만을 포함한 동아시아 국가들이 높은 평가를 받고 있다.

포스트 코로나 시대의 새로운 세계 선도국가는 평화와 번영을 위한 모범규준(best practice), 국제기준(global standard)을 먼저 실천하고 다른 국가들에게 그 경험을 공유할 수 있도록 지원해야 한다. 국내적으로나 국제적으로 포스트 코로나 세계에 필요한 거버넌스 모델을 창출해야 한다. 19세기 1차 영국과 20세기 미국은 산업혁명을 앞장서서 이끌었을 뿐 아니라 민주주의와 자본주의에 필요한 정치·경제·사회·문화 제도의 발전에도 크게 기여하였다. 영국과 미국이 발전시킨 보편적인 거버넌스는 세계적 차원의 평화와 안보를 촉진하는 역할을 하였다.

세계 선도국가는 디지털 전환과 에너지 전환을 성공적으로 수행한 경험을 다른 국가들이 모방할 수 있도록 인적 및 물적으로 도움을 제공해야 한다. 21세기 세계 선도국가는 디지털 전환과 에너지 전환을 적극적으로 추진하여 다른 국가들이 모방할 수 있는 보편적인 원칙과 기준을 도출해야 한다. 특정 세력/주체가 일방적으로 지시하는 수직적 집중적 거버넌스 모델의 한계를 넘어 모든 세력/주체가 합의 과정에 참여하는 수평적 분권형 거버넌스 모델을 실천해야 한다.

제2부

왜 정의로운 전환
(Just Transition)인가?

오늘날 세계경제의 근간이 되는 탄소 경제체제는 에너지의 84%를 화석연료에 의존하고 있다. 탄소 경제체제는 전 인류에게 물질적 풍요를 안겨주었지만 동시에 극심한 자연 훼손과 복잡한 사회 문제를 유발했다. 이에 따라 사회 일각에서는 끊임없이 저탄소 경제로의 변화를 요구하는 목소리가 이어져왔다.

다시 말해, 인간 삶의 기반이자 부의 원천이 되는 자연을 보전하고, 나아가 탄소 경제체제에서 소외받아 온 사회적 약자들을 우리 공동체의 동등한 구성원으로 세워야 한다는 것이다. 이러한 주장을 단순히 규범적 신념에 따라 도출된 결론이라고만 볼 수는 없다. 수많은 과학적 연구결과들은 저탄소 경제를 일궈내는 것이 우리 시대에 꼭 필요한 과제라는 점을 명백히 보여주고 있다.

이러한 측면에서 정의로운 전환은 저탄소 경제를 수립하기 위한 하나의 원칙으로서 주목받고 있다. 물론 이러한 개념적 논의는 21세기에 들어 본격적으로 시작되었다. 그러나 그 초점은 석탄산업 종사자의 대체 고용이라는 협소한 범위에만 한정된 채로 이뤄져왔다. 이 같은 협소한 논의를 통해 과연 우리 사회가 당면한 문제의 근본적인 해결책을 찾아낼 수 있을지는 불확실하다.

지금껏 탄소 경제체제로 인해 발생한 위기에 대응하기 위해 제시된 여러 해결책들은 제대로 된 효과를 거두지 못했다. 그 원인은 바로 이러한 해결책들이 기존의 탄소 경제체제가 추구하는 세계관을 그대로 답습하고 있다는 데에 있다.

이에 따라 이 장은 정의로운 전환의 개념을 기존의 탄소경제 중심의 세계관에서 벗어나 개별 국가의 이익을 초월하는 인류문명의 새로운 축으로 새롭게 확장시키고 그 지향점을 제시하고자 한다. 나아가 이렇게 확장된 정의로운 전환을 우리 시대에 이뤄내기 위해 정부는 어떠한 역할을 해야 하는지에 대해 새로운 행정 규범을 제안하고자 한다.

제8장 위험사회의 도래

냉전시대 동안 환경 문제는 오랫동안 간과되어왔다. 하지만 이러한 동구와 서구 간의 이념 대결로 점철된 시대가 막을 내림과 동시에 환경 문제는 인류가 공동으로 대응해야 하는 실체적 위협으로 급부상했다. 특히 화석연료에 기반한 산업화로 인해 가속화된 기후변화의 심각성은 1990년대 초반을 기점으로 본격적으로 거론되기 시작했다. 오늘날 전 지구적 차원의 환경 문제는 더는 대중에게 낯선 이슈가 아니다. 이와 동시에 산업화 과정에서 나타난 과도한 성과주의와 경쟁은 인류 사회에서 공존과 배려보다 독식, 배제, 무례, 불평등이 만연하는 결과를 낳았다.

특히 물질적 풍요를 향한 무절제한 욕망은 사회와 자연에 대한 폭력을 경제성장이라는 이름으로 정당화했다. 나아가 자연을 시장적 가치로만 재단하고, 불공정한 경쟁을 묵인한 결과, 사회적 모순이 증폭되었고, 공동체의 근간이 되는 유대감은 소멸되었다.

정의로운 전환에 관한 논의는 바로 이러한 맥락에서 요구된다. 즉 정의로운 전환은 곧 탄소 경제체제가 불러온 여러 해악들을 떨쳐내고, 건강한 생태계의 복원, 집단 간 파괴적 경쟁의 해소, 그리고 산업화에서 소외된 집단과의 공존 추구라는 새로운 가치로의 지향을 의미하는 것이다. 이에 따라 정의로운 전환 담론에는, 우리 세계를 저탄소 경제로 변화시키는 과정 가운데 의도치 않게 피해를 입는 집단들을 어떻게 배려하고 공존해야 할지에 대한 논의가 그 핵심에 놓여있다.

그러나 이러한 정의로운 전환을 공공이 추구해야 하는 가치로서 이론화하고 이에 대한 비전을 제시하려는 노력은 아직 부족한 상태이다. 정의로운 전환을 성공적으로 이행하기 위해서는 분명 다양한 집단 간의 협력이 요구되나, 그 시작 단계에서는 정부의 주도가 필요하다. 즉 정의로운 전환에 대한 새로운 개념 정립과 더불어 이를 위한 정부의 역할과 원칙을 단순한 담론 수준을 넘어 더 구체화할 필요가 있다는 것이다. 특히 이러한 과정에서 정부는 당면한 문제를 해결하는 도구적 기능뿐 아니라 사회가 나아가야 할 방향을 제시하는 규범적, 교육적 소임까지도 수행해야만 한다.

이처럼 우리 정부가 산업사회를 넘어 새로운 미래상을 제시하기 위해서는 세 가지 인식의 전환이 필요하다.

첫째, 시장의 메커니즘에 모든 것을 일임하는 경제적 합리주의나 과학기술의 발전에 과도하게 의지하는 기술관료적 접근으로는 저탄소 경제를 이룰 수 없다는 인식이 확대되어야 한다. 시장주의적 관점은 환경 문제가 지나치게 과장되어 있으며, 설령 그 심각성이 사실일지라도 시장의 자율교정 기능과 첨단 과학기술을 통해 충분히 해결할 수 있을 것이라 낙관한다. 하지만 역사학, 인류학, 고고학, 지질학, 진화생물학 등 다양한 학문 분야에서 진행된 연구는 인류 문명이 붕괴하는 주요 원인 중 하나로 자연 파괴를 지목한다(Diamond, 2005). 즉 이 연구들의 공통분모는 자연이라는 영역을 사회제도적 조건으로부터 분리해서는 인류사회가 마주한 위험에 대응할 수 없다는 점이다.

인간이 자연으로부터 분리될 수 있고, 인간의 목적에 따라 자연은 얼마든지 이용 가능하다는 지배자로서의 관점(dominion thesis)은 우리 사회가 자연을 어떻게 인식하고 환경 문제를 어떻게 해결해야 하는가에 대한 주류적 시각으로 기능해왔다. 그러나 이러한 관점은 과학기술이 배태한 문제를 더 진보된 과학기술로 해결하려는 기술만능주의를 증폭시킬 뿐이다. 따라서 오늘날 인류가 마주하고 있는 환경 문제와 그 위험을 해결하기 위한 실마리를 찾기 위해서는, 이러한 문제가 정치·경제 체제와 과학기술 그리고 이를 통해 형성된 대중소비문화 간 상호작용으로 인한 필연적 결과임을 이해하고, 나아가 현재의 자연-사회관계를 규정하는 근대의 기계적, 도구적 자연관을 극복하는 것이 필요하다.

둘째, 지금까지 탄소 경제체제에서 이뤄진 개발 행위가 자연과 사회를 '약탈'해왔다는 인식이 확대되어야 한다. 이는 도덕적, 규범적 신조에 따른 주장이 결코 아니다. 오히려 과학적 근거와 분석을 통해 이러한 인식의 필요성은 명백히 드러난다.

먼저, 대기오염이 악화되고 있다. 2019년 대기 중의 이산화탄소 농도는 410.5ppm으로 지난 65만 년 내 가장 높은 수치를 기록하였다(WMO, 2020). 이에 더하여, 지구의 평균 표면온도는 산업화 이전보다 $0.87^\circ C$ 상승하여 생태계에 막대한 악영향을 끼치고 있다(IPCC, 2018). 또한 대기오염으로 사망하는 5세 이하 유아의 수는 매년 60만 명에 달한다(UNICEF, 2016).

동시에 생물다양성과 생태계 파괴가 가속화 중이다. 오늘날 우리가 사는 세계에서는 매일 9천 8백만 평의 열대우림이 파괴되고 있고(Scientific American, 2009), 이는 여의도 면적의 약 112배에 달한다. 전 세계의 산업 설비들은 매 초마다 310kg의 유독성 화학물질을 배출하고(Worldometer, 2020), 1,250여만 개로 추정되는 지구의 생물종은 평균 20분에 하나씩 멸종한다. 이는 자연상태에서 이뤄지는 멸종보다 1,000배가량 빠른 속도이다(UNCBD, 2007).

굶주림과 가난의 굴레도 여전하다. 전 세계 인구의 24%가량이 하루에 3달러 남짓의 돈으로 연명하며(World Bank, 2020), 하루 평균 2만 5천 명이 굶주림으로 사망한다. 더욱이 사망자 가운데 1만 명은 어린이다(UN, 2010). 이렇게 나열된 숫자들은 탄소 경제체제 하에서 이뤄진 개발 행위들이 자연과 인간 모두를 어떻게 파괴해왔는지 극명하게 보여주고 있다.

셋째, 앞으로의 시대에는 완전히 새로운 개인-사회-자연 관계의 설정이 필요하다는 것을 받아들여야 한다. 저탄소 경제로의 전환은 자연 보전, 대체 에너지 확보, 노동자의 생존권 등 다양한 이슈들이 얽혀 있는 만큼, 이의 실용적 측면과 윤리적 측면 양자에 대한 사회적 합의가 필요하다. 그렇지 않다면 이러한 전환 속에서 피해를 보는 집단들의 저항이 일어날 것이기 때문이다.

후술할 캐나다 앨버타 주(州)의 사례에서 보듯이 탄소 의존 경제체제에서 이익을 얻어온 집단들은 저탄소 경제로의 전환에 대해 드러나게 반발하기보다는 시장 환경주의 언어(예: '청정' 석탄)로 위장하여 기존의 정책을 고수하기를 원한다. 즉 정의로운 전환의 과정에서는, 이들을 설득하고 저항을 극복할 수 있는 정치적, 경제적 영역에서의 과감한 개혁이 동반되어야 한다는 것이다.

결국 이전의 탄소 중심에서 저탄소 경제체제로의 전환이 정의롭게 이뤄지기 위해서는 세 가지 차원의 공존을 지향해야 한다. 즉 동시대 다른 사회, 문화, 인종 간의 공존을 뜻하는 '동시대적 공존', 미래 세대와의 공존을 뜻하는 '통시대적 공존', 모든 생명의 비시장적 존재가치를 인정하는 '생태적 공존'이 바로 그것이다. 이처럼 정의로운 전환의 의미를 에너지 전환 과정에서의 대체 고용 보장이라는 협소한 범위를 넘어 평화, 평등, 훼손된 자연의 복원이라는 가치에 근간을 둔 새로운 세계관에서 찾아야 한다는 것이 이 연구의 핵심적 주장이라 할 수 있다.

제9장 기후변화와 신기후체제

1. 기후변화의 심각성

　기후변화의 사전적 정의는 "인간 활동이 직간접적으로 원인이 되어 전 지구 대기의 조성을 변화시키고, 충분한 기간 관측되어온 기후의 자연적 변동성에 추가로 발생하는 변화"이다(UNFCCC, 1992). 더 넓은 의미에서는, 오랜 시간에 걸쳐 지속되는, 기후의 평균 상태 속에서 발생하는 통계적인 의미의 변동, 자연적 변동, 인간 행위에 의한 변동을 모두 포괄한다(IPCC, 2014). 이러한 의미에서 국제사회가 오늘날 주목하고 있는 기후변화는 오랜 기간 관찰된 자연적 기후변동에 더해 인간의 활동으로 인해 생긴 온실가스 농도의 변화에 따라 추가적으로 촉발된 기후 전반의 변화라고 볼 수 있다.

　전 지구의 평균기온이 지속해서 증가하고 이상기온이 빈번해지면서 기후변화는 각국에서 재산 및 인명 피해를 불러일으키고 있다. 2019년 지구의 평균기온은 산업화 이전(1850~1900) 대비 1.1도 높았으며, 이는 2016년에 이어 두 번째로 높은 기록이다. 유럽에서는 폭염이, 오세아니아와 아시아에서는 집중호우 및 폭우로 인해 천문학적 액수의 피해가 발생하고 있다. 이러한 이상기후 현상은 인간 행위에 의한 온실가스 배출량 증가와 그에 따른 기후변화의 결과물이다. 실제로 세계적으로 온실가스 배출량은 2000~2010년 동안 연평균 2.2% 증가하였으며, 그 중 이산화탄소가 증가량의 78%를 차지했다.

기후변화는 머나먼 극지방에서만 발생하는 단발적 현상이 아니다. 실제로 한반도 기후에도 유의미한 변화가 관측되고 있다. 우리나라의 기후변화를 관찰하기 위해 설치된 안면도 감시소에서의 측정 결과, 2019년 이산화탄소 연평균 농도는 전년도 대비 2.7ppm 증가한 417.9ppm이었으며, 이는 지구 평균보다 8.1ppm 높았다.

한반도 기온은 1911년부터 2010년까지 약 한 세기 동안 1.8도 상승하여 세계 평균기온 상승 수준(0.8도)보다 2배 이상 상승하였고, 특히 최근 30년 동안 1.2도가 상승하여 온난화가 가속화되고 있음을 알 수 있다. 이러한 현상이 계속될 경우 21세기 후반까지 한반도 기온은 약 5.7도 상승하여 강원도 산간을 제외한 남한 대부분이 아열대 기후로 변모할 것이다.

이미 우리나라 국민들의 삶은 기후변화의 급격한 영향권 아래 든 지 오래다. 1911년부터 2010년까지 우리나라 연평균 강수량은 217mm가 증가하여 17% 상승하였는데 반대로 강수일수는 18% 감소했다. 이는 짧은 시간에 강수량이 많은 집중호우가 증가하였음을 의미한다. 2020년 7월에는 한반도 전역에 발생한 집중적, 국지적 호우로 인해 45명이 사망하였으며, 약 7,000명의 이재민이 발생하고 6,100여 건의 시설 피해가 발생하였다. 이전에는 호우 패턴을 예측할 수 있었던 반면, 2020년 발생한 호우는 패턴 예측이 불가능하여 피해가 극대화되었다. 또한 1980년대를 기점으로 이상 고온 현상이 급증했으며, 가뭄과 폭설, 한파와 같은 극한 기상의 출현도 잦아졌다. 나아가 전문가들은 현재와 같은 이상기후 상황이 지속된다면, 생물 다양성 감소,

해수면 상승, 농어업 생산량 감소 등의 문제들 역시 새롭게 대두될 것이라고 경고하고 있다.

위와 같은 통계치들이 시사하는 바는 명확하다. 즉 이렇게 급속도로 변화하는 기후와 그의 영향을 기존의 방법을 통해 대응하기란 거의 불가능에 가깝다는 점이다.

2. 기후변화 국제협약과 신기후체제

1) 교토의정서

1992년, 기후변화에 관한 최초의 국제협약인 「기후변화에 관한 UN 기본협약(UNFCCC)」이 채택되었다. UNFCCC는 기후에 위험한 영향을 미치지 않을 수준으로 대기 중의 온실가스 농도를 안정화하는 것을 골자로 했다. 이후 세계 각국의 온실가스 감축 의무를 어떻게 이행할지에 관한 방법을 구체적으로 결의한 내용이 바로 우리가 잘 알고 있는 교토의정서이다.

교토의정서는 감축 대상 온실가스를 이산화탄소, 메탄 및 이산화질소 등으로 규정하였으며, 이를 2008년부터 2012년까지 1990년 배출량 대비 평균 5.2% 감축하는 것을 목표로 설정했다. 이러한 교토의정서가 근간으로 하는 원칙은 두 가지다. 먼저, 형평성에 기반하여 모두가 온실가스 감축의 책임을 공유해야 하며, 각국의 역량에 따라 기후를 보호하기 위한 노력을 기울여야 한다는 점이다. 이와 더불어 기후변화를 시정하기 위한 세계 각국의 책임 수준을 결정하는 데 있어 개발도상국이 처해 있는 특수한 사정을 배려해야 한다는 것이다.

이러한 원칙들에 따라 온실가스 감축을 위한 다양한 제도가 도입되었다. 국가 간 온실가스 배출권(Emission Trading)이 거래될 수 있도록 공동이행제도(Joint implementation)를 인정하여 온실가스 감축에 시장 메커니즘을 적용한 것이 바로 그 대표적인 예이다. 또한 청정개발제도(Clean Development Mechanism)를 도입하여 개발도상국에서 감축한 배출량을 감축 의무가 있는 선진국으로 이전할 수 있는 제도가 역시 마련되었다.

이에 따라 실제로 제1차 공약 기간(1998~2012) 동안 감축 의무국가에서 온실가스 배출량이 감소했고, 세계 각지에서 청정개발제도 사업이 시행되었다. 그러나 가장 많은 온실가스를 배출하던 미국이 의정서를 비준하지 않아 의정서의 실효성에 점차 의문이 제기되었다. 또한 급속한 경제발전 과정에서 이미 상당한 수준의 온실가스를 배출하고 있던 중국과 인도 등 개도국에는 감축 의무를 부과하지 않았다는 점에서 교토의정서 체제는 근본적인 한계를 안고 있었다.

더욱이 1차 공약 기간의 종료 이후 2차 공약 기간(2013~2020)을 확정하기까지 여러 어려움이 잇따르기도 했다. 오랜 갈등 끝에 결국 캐나다를 비롯한 일본, 러시아, 뉴질랜드는 제2차 공약 기간에 참여하지 않았다. 이에 따라 매번 구체적인 공약 기간을 합의하고 개별 국가의 감축 목표를 결정하기는 쉽지 않다는 인식이 확대되었고, 기후협약 체제가 과연 지속 가능할 수 있는가에 대한 의문이 점차 커져갔다.

2) 파리협정

2020년 만료된 교토의정서를 대체하는 파리협정은 2021년부터 197개 당사국 모두에게 적용되는 국제사회의 새로운 기후변화 대응 체제로 제시되었다. 파리협정은 장기적으로 지구의 기온 상승을 2도보다 훨씬 아래로 제한하고, 나아가 1.5도 이하로 만드는 것을 목표로 한다. 구체적인 감축 목표를 수립했던 이전 체제에 비해 파리협정은 느슨한 의무체계를 가지고 있다. 그러나 각국의 다양한 보고의무를 통합하고 투명성 체계를 강화했으며, 기술개발 및 이전에 관한 기술 메커니즘 등을 제시하여 기후변화 대응을 위한 수단과 과정을 더욱 구체화하였다는 데 그 의의가 있다. 〈표 11〉은 파리협정 중 주요 내용을 발췌한 것이다.

〈표 11〉 파리협정의 주요 내용

(제2조) 2100년까지의 지구 평균기온 상승을 산업화 이전 수준 대비 2도보다 상당히 낮은 수준으로 유지하고 1.5도까지 제한하도록 노력한다. 식량생산에 위협을 주지 않는 방식으로 기후변화의 부정적인 영향에 적응하고, 기후 탄력성을 기르며 온실가스를 감축하는 능력을 향상한다.

(제7조) 기후변화 적응 역량을 향상시키고 탄력성을 강화하며, 기후변화의 취약성을 줄이는 국제적인 적응 목표를 세운다.

(제8조) 극한 날씨와 서서히 일어나는 자연재해를 포함하여 기후변화의 부정적 영향과 관련된 손실과 피해 문제를 피하고 최소화하는데 그 중요성과 손실과 피해를 줄이는 지속가능한 발전의 역할을 인지한다.

<표 12> 교토의정서와 파리협정의 차이점

구분	교토의정서	파리협정
감축 의무국	선진국 위주	모든 당사국
범위	온실가스 감축에 초점	감축, 적응, 투명성, 이행수단 등
지속가능성	공약기간 설정 (1차: 2008~2012) (2차: 2013~2020)	종료 시점은 정하지 않고 5년 주기로 이행 점검
목표 설정	의정서에서 통합 규정	자발적 설정
행위자	국가 중심	다양한 행위자 참여

이러한 파리협정에 기반한 기후체제를 이전의 체제와 구분지어 '신기후체제'로 칭한다. 신기후체제는 구체적인 목표 아래 행위자와 활동 분야를 확대하며 당사국들이 직접 자발적으로 계획 및 목표를 수립한다는 점에서 이전의 기후체제와 상이한 특성을 보인다.

〈표 12〉는 교토의정서와 파리협정의 주요 차이점을 요약하고 있다. 교토의정서에 기반한 기후체제에서는 감축 의무가 대부분 선진국에 있었으나 파리협정은 선진국과 개도국에 구분을 두지 않고 모든 당사국에 감축 의무를 부여하였다. 특히 이전의 기후체제가 온실가스 배출량 감소에만 집중했던 것과 달리, 파리협정에서는 온실가스 감축 목표를 설정하는 것뿐 아니라 적응, 투명성, 이행 수단과 같은 다양한 분야가 논의되고 있다. 또한 교토의정서 체제 하에서는 공약 기간을 설정하기 위해 오랜 시간 국가 간 합의가 필요했지만, 파리협정은 종료 시점을 구체적으로 정하지 않고 있으며 향후 미래에도 지속적으로 기후변화를 위해 당사국들이 활동한다는 것을 전제한다. 이에 더하여, 협약에 따라 감축 목표가 하향식으로 부과되는 방식에서 벗어나 신기후체제 하에서는 각국이 스스로의 역량과 상황을 고려하여 자발적으로

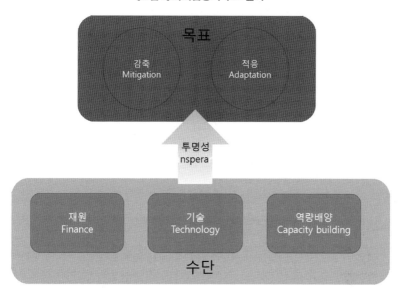

[그림 5] 파리협정의 주요 분야

목표

감축
Mitigation

적응
Adaptation

투명성
nspera

재원
Finance

기술
Technology

역량배양
Capacity building

수단

감축 목표를 설정하게 되었다. 마지막으로, 국가 중심으로 기후변화를 논의했던 구체제와 달리 파리협정은 국제기구, 지자체, NGO 등 비당사국 이해관계자의 참여를 적극적으로 독려하고 있다.

즉 파리협정의 요체는 온실가스를 감축함과 동시에 기후변화의 부정적인 영향에 세계가 '적응'하도록 하는 데 있다고 볼 수 있다. [그림 5]는 파리협정의 주요 분야를 도식화하고 있다. 협정은 2100년까지 지구 평균기온 상승을 산업화 이전 수준에 대비해 2도보다 상당히 낮은 수준으로 유지하고 기온 상승을 1.5도로 제한하도록 노력할 것을 명시하여 온실가스 감축에 전 세계가 매진해야 함을 강조한다. 이러한 감축의 핵심적인 수단은 재생에너지로, 기존의 에너지 효율을 개선하고 신재생에너지 사용을 확대하여 인위적으로 발생한 온실가스 배출량을 줄여나갈 것을 요구하고 있다. 동시에 파리협정은 세계 각국이 기후변화의 영향으로 발생하는 문제를 인식하고, 이에 대해 적응하는 기후 탄력성이 강화되어야 함을 주장한다. 이에 따라 기후변화로 인한 손실과 피해를 최소화하기 위해 조기 경보시스템, 긴급 상황 대비 위해성 평가 및 관리, 보험체계, 비경제적 손실 등에 있어 국제 협력이 필요하다는 점이 구체적으로 명시되었다. 이와 동시에 협정이 추구하는 위와 같은 목표를 달성하기 위해 재원의 확보, 기술의 개발, 나아가 국가와 공동체의 역량 배양 등의 다면적 접근법이 제시되고 있다.

또한 파리협정은 온실가스 감축을 위한 실천 수단으로서 각국에 국가별결정기여(Nationally Determined Contributions: NDCs)를 작성할 것을 요구하고 있다. 파리협정이 당사국 모두에게 감축 의무를 부여하는 만큼, 당사국들은 자발적으로 감축 목표를 설정하여 NDC를 작성하여 제출해야 하며, 이러한 개별 당사국의 감축 목표는 5년을 주기로 하여 협정의 공동 목표인 2도 감소에 얼마나 잘 부합하는지를 검사받게 된다. 이를 글로벌 이행 점검(global stocktake)이라 한다. 이러한 글로벌 이행 점검을 통해 당사국들은 기후변화에 대응하기 위한 국제적 노력이 어떤 성과를 내고 있는지 파악할 수 있으며, 공동 목표를 달성하기 위해 각국이 개선할 부분이 무엇인지 파악할 수 있다.

특히 이러한 NDC에 명시된 국가별 감축 목표는 국가 산업 전반에 끼칠 영향이 막대하며, 이에 따라 NDC는 각국 경제의 중요한 이슈로 자리매김하고 있다. 예를 들어 2019년 12월에 개최된 정상회의에서 EU는 Green Deal 2050을 발표하고 관련 사업에 2020년 총예산의 21%를 배정할 정도로 기후변화 대응 및 감축에 대한 정책을 적극적으로 도입하고 있다.

나아가 이러한 EU의 사례뿐 아니라 파리협정 체제 하에서 전 세계 각국은 기후변화 대응을 이제 피할 수 없는 대세로 받아들이고 있으며, 이를 환경보호의 수준에서만 인식하는 것이 아니라 새로운 산업 및 시장 선점의 기회로 보고 적극적으로 대응하고 있다.

3. 국내외 대응 방안

1) 대한민국

우리나라의 경우, 기후변화 관련 법 및 규제는 환경부를 포함해 국무조정실, 산업부, 기상청이 담당한다. 기후변화 대응은 범부처 협력이 필요한 사항으로, 현재 기후변화에 관한 법과 정책에 직접적인 영향을 미치는 법제도 전반을 국무조정실이 주관하고 있다. 각 부처의 역할을 살펴보면, 환경부는 환경기술 및 환경 산업, 환경 정책, 대기환경, 온실가스 배출권 할당 및 거래, 미세먼지 저감을 담당하고 있다. 이에 더하여 이산화탄소 저감을 위한 에너지 개발 및 산업 육성은 산업부가, 기후 감시 영역은 기상청이 맡고 있다. 우리나라 기후변화 대응 및 적응의 주요 기반이 되는 법제와 정책은 〈표 13〉과 같다.

한국의 기후변화에 대한 범정부적 대응은 1999년부터 시작되었다고 볼 수 있다. 우리 정부는 1999년부터 관계부처 장관 등으로 구성된 기후변화대책위원회를 설립하고, 산하에 기후변화대책조정협의회를 수립하여 부문별 실무대책반을 운영한 바 있다. 이렇게 설립된 기후변화대책위원회는 위원회 산하 기후변화대책기획단을 통해 기후변화 종합계획을 2008년 주도적으로 수립하는 성과를 거뒀다. 이후 전 세계

〈표 13〉 기후변화 대응 관련 법 및 정책과 주무 부처

법/계획 명	주요 내용	관련 부처
환경기술 및 환경산업 지원법	• 환경기술개발사업의 추진 • 환경기술 실용화 • 환경기술 및 정보의 보급 등	환경부
환경정책 기본법	• 국가, 지방자치단체, 사업자 및 국민의 환경보호 의무 • 환경과 경제의 통합적 고려	환경부
대기환경 보전법	• 대기오염도 예측 및 발표 • 기후 및 생태계 변화 유발물질 배출 억제 • 대기환경 개선 종합계획 수립 • 장거리 이동 대기오염물질 종합대책 수립 등	환경부
온실가스 배출권의 할당 및 거래에 관한 법률	• 온실가스 감축 목표를 고려한 계획 기간 운영 • 경제성장과 부문별, 업종별 신규 투자 및 시설 확장에 의한 온실가스 배출 전망 • 에너지 가격 및 물가 변동 등의 경제적 영향 • 국내 산업 지원 대책 • 국제 협력	환경부
미세먼지 저감 및 관리에 관한 특별법	• 미세먼지로부터 국민 건강과 생명 보호를 위한 시책 수립 및 시행 • 미세먼지 등의 배출 저감 및 관리를 위한 국제적 협력 • 미세먼지 관련 연구개발 • 미세먼지 집중관리구역 지정	환경부
저탄소 녹색성장 기본법	• 녹색경제 및 산업의 육성 및 지원 • 기후변화대응 원칙 수립 • 기후변화대응 기본계획 수립 • 기후변화대응 및 에너지의 목표 관리 • 기후변화 영향평가 및 적응 대책 추진 • 친환경농림수산 촉진 및 탄소 흡수원 확충	국무조정실
저탄소 녹색성장 기본법 시행령	• 온실가스 감축 국가 목표 설정 및 관리 • 온실가스, 에너지 목표관리 원칙 및 역할 • 국가 온실가스 종합정보관리체계의 구축 및 관리 • 기후변화 적응 대책의 수립 및 시행 등	국무조정실
과학기술 기본법	• 과학기술 기본계획 수립 • 지방 과학기술진흥종합계획	과학기술정보 통신부
에너지법	• 에너지 기술개발계획에 온실가스 배출 저감 기술을 포함	산업부

법/계획 명	주요 내용	관련 부처
신에너지 및 재생에너지 개발이용보급 촉진법	• 기본계획 수립 • 신재생에너지 사업에 대한 투자 권고 • 신재생에너지 이용 의무화	산업부
기상법	• 기후 감시를 위한 노력 의무 • 기후감시 및 영향조사 • 기후 전망의 발표 • 기후 자료 관리	산업부

출처: 환경부, 2020.

적인 기후변화대응정책의 흐름을 따라, 다소 파편적으로 다뤄져왔던 기후변화, 에너지, 지속가능발전 등 녹색성장 관련 정책을 통합하기 위해 「저탄소 녹색성장 기본법」이 제정되었으며, 2009년 범부처 통합 기구인 녹색성장위원회가 신설되었다. 2016년에는 기후변화대응체계 개편 방안이 도입됨에 따라 현재와 같이 국무조정실 중심으로 각 부처가 소관 분야를 책임지는 관장 부처 책임제가 시작되었다.

실제로 현재 우리 정부가 추진하고 있는 2030 국가온실가스 감축 기본로드맵에 따르면, 우리나라의 온실가스 감축 목표는 국내 25.7%, 국외 11.3%를 포함한 37%로, 국무조정실의 총괄 및 조정에 따라 각 소관 부처의 책임과 부문별 로드맵 수립이 이뤄지고 있다.

[그림 6]은 「저탄소 녹색성장 기본법」에 의해 규정된 부처별 특성을 고려한 기후변화 대응정책 체계를 도식화하고 있다. 이 법령에 따라 국무조정실은 녹색성장 국가전략 실행을 위한 녹색성장 5개년 계획을 5년마다 수립하고, 주기적으로 부처별, 과제별 이행 점검을 시행한다. 녹색성장 국가전략에 따라 각 부처는 저탄소 녹색성장을 위한 정책 목표와 방향을 일관적, 정합적으로 유지해야 하는 역할을 부여받았다. 이에 더하여 [그림 7]에서 볼 수 있는 것처럼, 중앙정부는 지자

[그림 6] 저탄소 녹색법 상 기후변화 적응 정책 체계

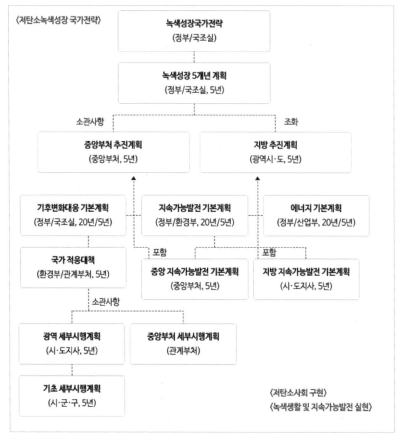

출처: 신지영, 2017.

체 실정에 맞는 기후변화 대책을 수립하고 시행하기 위해 지자체별 감축 및 적응 계획 수립과 관련 사업을 지원하고 있다.

[그림 6]과 같은 「저탄소 녹색성장 기본법」에 더하여, 2019년 발표된 제2차 기후변화 대응 기본계획은 1) 저탄소 사회로의 전환, 2) 기후변화 적응체계 구축, 3) 기후변화 대응 기반 강화를 핵심 전략으로 내

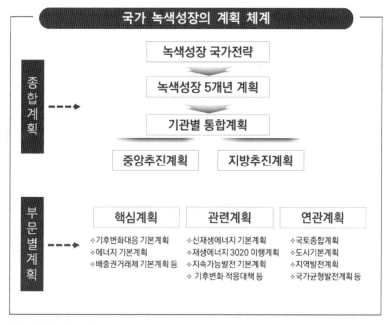

[그림 7] 국가 녹색성장의 계획 체계

국가 녹색성장의 계획 체계

종합계획

녹색성장 국가전략

녹색성장 5개년 계획

기관별 통합계획

중앙추진계획   지방추진계획

부문별계획

핵심계획	관련계획	연관계획
✧기후변화대응 기본계획	✧신재생에너지 기본계획	✧국토종합계획
✧에너지 기본계획	✧재생에너지 3020 이행계획	✧도시기본계획
✧배출권거래제 기본계획 등	✧지속가능발전 기본계획	✧지역발전계획
	✧ 기후변화 적응대책 등	✧국가균형발전계획 등

출처: 녹색기술센터, 2019.

세우고 있다. 특히 이 계획은 석탄발전을 과감히 감축시키고 재생에너
지 발전을 확대하는 동시에, 기후변화에 대한 기업의 책임을 강조하
고, 정부 차원에서 신속하고 투명한 범부처 이행사항 점검 및 평가체
계를 구축하여 사회 전반을 저탄소 체계로 전환하고자 하는 데 목표를
두고 있다. 이와 더불어 사회 전반에서 기후변화에 적응할 수 있는 능
력을 향상하고, 기후변화를 감시하고 예측할 수 있는 시스템을 구축하
며, 사회 모든 부문과 주체들이 의사결정을 하는 데 있어 기후변화 적
응을 주요 고려 사항으로 편입시켜야 한다는 내용도 포함되었다. 특히
이 계획은 신기후체제 하에서 기후변화 대응과 관련된 신기술과 신시
장을 적극적으로 육성하고, 국제협상 능력과 국제협력을 강화해야 한

다는 점을 명시함으로써 제도, 조직, 거버넌스를 아우르는 기후변화 대응 기반을 마련했다고 평가받는다.

2) 미국

미국의 입법은 길고 어려운 과정을 전제한다. 의원이나 정부가 법안을 발의하고 하원과 상원을 거쳐 대통령이 서명해야만 비로소 법 제정이 마무리되기 때문이다. 미국에서 기후변화 관련 법 제도를 수립하기 위한 시도가 20세기 후반부터 진행되었음에도 실제 제정으로 이어지지 못한 이유가 여기에 있다.

기후변화 정책이 미국 정치권의 주요 의제로 부상한 시점은 오바마 행정부이다. 오바마 행정부는 1) 에너지 안보, 2) 경제성장, 3) 환경보호라는 기조를 에너지 정책의 장기 목표로 삼았으며, 기후변화에 대한 대책을 2대 국내 정책 중 하나로 내세울 정도로 기후변화 의제를 우선시했다. 특히 재생에너지 발전을 포함한 기후변화 대응 정책을 경기부양과 연계시켜 녹색 부문에 투자했으며, 청정에너지 개발, 에너지 자급률 확대, 하이브리드 자동차 보급 등을 통해 일자리를 창출하고자 했다. 또한 에너지 자원 관리에 있어서도 청정에너지를 중심으로 전통적 에너지 자원과 신재생에너지를 포괄적으로 활용하는 방식의 새로운 계획을 수립했다.

그러나 트럼프 행정부에 접어들면서 미국의 기후변화 정책은 완전히 변화하였다. 트럼프 대통령은 국무부, 에너지부 및 환경보호청을 포함한 주요 정부 요직에 화석연료 사용을 반대하지 않는 인사를 잇달아 지명했으며, 전임 오바마 행정부의 에너지 정책을 강력히 비판하고 이의 폐지를 주장하였다. 대통령 본인 역시 당선 이전부터 기후변화를 부정했고, 당선 이후에는 파리협정 탈퇴를 선언하여 파란을 일으켰다. 또한 미국 내 에너지 자원 중 화석연료의 개발 및 생산 증대를 적극적으로 권장하여 에너지의 해외 의존도를 낮춤과 동시에 관련 고용을 창출하고자 했다.

이와 달리 신임 바이든 행정부의 기후변화 정책은 오바마 행정부와 대동소이할 것으로 예측된다. 실제로 바이든 대통령은 트럼프 행정부와는 반대로 행정부 주요 관료를 기후변화의 심각성을 지지하는 친환경 인사들로 지명하였다. 이에 더하여 2021년 2월에는 신기후체제로 미국을 복귀시키는 결정을 내렸다. 이어 경기부양안에 그린산업 육성을 포함했을 뿐 아니라, 발전 부문에서도 재생에너지의 비중을 확대하고 탄소세를 신설할 것으로 전망되는 등 기후변화 대응이 다시 미국 정부의 주요 의제로 부상하고 있다.

3) 영국

영국은 2008년 「기후변화법」을 제정하여 기후변화 대응 정책 수립에 필요한 법적 기반을 마련하였으며, 모든 정부 부처가 자체적으로 탄소 감축을 수립 및 시행할 수 있도록 탄소 예산을 할당하였다. 이 「기후변화법」은 2050년까지 영국의 온실가스 배출량을 1990년 대비 80% 감축한다는 내용을 포함하며, 탄소 예산시스템, 기후변화위원회 설립, 배출권 사용, 기업의 온실가스 배출 보고 등 기후변화에 대응하기 위한 국가 및 경세체계를 포괄적으로 규정하고 있다.

같은 해, 이러한 「기후변화법」을 성공적으로 추진하기 위한 구체적인 로드맵을 담은 에너지법과 계획법이 추가적으로 제정되었다. 에너지법은 저탄소 에너지 믹스를 수립하고 이행하기 위한 민·관·산 협력을 강조하며 이를 위해 필요한 중점 사항들을 다루고 있다. 이와 더불어 계획법은 재생에너지 프로젝트의 신속한 진행을 위해 복잡한 행정절차를 간소화하는 것을 목표로 하고 있다.

동시에 영국 정부는 녹색투자은행을 출범시켜 신재생/청정에너지 기술에 적극적으로 투자하고 있으며, 배출량의 큰 부분을 차지하는 교통 분야의 온실가스 배출을 줄이기 위해 전기자동차 구매보조금을 지원하는 정책 역시 펼치고 있다.

이외에도 2025년까지 탄소 포집 및 저장 기술이 적용되지 않은 노후 석탄화력발전소를 전면 폐쇄하는 것을 목표로, 이 장치를 설치하지 않은 석탄화력발전소의 신설을 허가하지 않는다는 계획을 발표한 바 있다. 또한 2016년에는 세계 최대 규모의 해상풍력단지 개발 계획을 승인하는 등 기후변화에 대응하기 위해 정부 차원에서 다양한 정책적 노력들을 경주하고 있다.

4) 독일

독일은 2011년 에너지 패키지를 발표한 이래 강력한 탈원전 정책을 흔들림없이 수행하고 있으며, 기후변화 대응은 물론, 자국의 에너지 안보를 위해 적극적으로 재생에너지 개발과 에너지 효율 개선 정책을 펼쳐나가고 있다. 보다 구체적으로, 독일 정부는 재생에너지를 통한 전력생산 비율을 2020년 35%에서 2050년 80%까지 확대할 계획을 가지고 있다. 여기에는 노후된 갈탄화력발전소를 단계적으로 폐쇄하는 내용을 그 핵심으로 하고 있다. 또한 건설 및 교통 부문에서 발생시키는 온실가스 배출량을 감소시키기 위해 건물 에너지 효율 개선 및 전기자동차 보급 지원을 위한 대규모의 보조금을 제공하고, 탄소 포집 및 저장 기술을 확대 적용할 계획이다. 동시에 EU의 에너지 배출권 거래제를 효과적으로 운용하기 위한 정부 차원의 노력 역시 계속되고 있다.

이러한 범정부적 차원의 노력이 이어진 결과 독일은 현재 세계적인 신재생에너지 강국으로 평가받고 있다. 특히 독일 정부는 신재생에너지 확대 정책들을 뒷받침하기 위한 다양한 법제들을 마련하여 왔다. 특히 2000년 제정되어 2014년과 2016년 개정된 「재생에너지법」은 독일을 신재생에너지 강국으로 변모시키는 데 크게 이바지하였으며, 이와 더불어 제정된 「재생에너지 난방법」 및 「전력망 확장 가속법」 등은 민간으로의 재생에너지 보급을 용이하게 했다. 구체적으로, 「재생에너지법」은 신재생에너지 보급 계획 및 장려 제도, 발전차액지원제도, 전기 판매요금, 연간 설치 용량 및 기준 등을 포함하고 있으며, 「전력망 확장 가속법」은 재생에너지 공급을 장려하기 위해 전력망을 확장할 시 필요한 행정절차를 줄일 수 있는 법적 기반이 되었다.

5) 프랑스

프랑스는 2007년 교통수단에 환경세를 부과하는 Bonus-Malus 제도, 2009년 「그르넬 환경법」, 2015년 「에너지 전환법」을 연달아 제정하는 등 2050년까지 자국의 온실가스 배출 감축 목표를 달성하도록 다양한 정책적 노력을 펼치고 있다.

2009년 제정된 「그르넬 환경법」은 프랑스의 온실가스 배출량을

2050년까지 1990년 대비 75% 감축하고 프랑스를 유럽 내 최고효율의 저탄소 경제국가로 발전시킨다는 장기 목표를 제시한 바 있다. 2010년에는 이 목표를 달성하기 위해 기후변화 대응 분야를 건축물과 도시계획, 교통, 에너지 및 기후로 세분화하였다. 이후 「그르넬 환경법」은 프랑스의 기후변화 대응 및 지속가능 성장 정책의 법적 기반이 되었으며, 2015년 제정된 「에너지 전환법」은 2050년까지 점진적으로 감축해야 하는 온실가수 배출량 목표치를 세부적으로 제시하고 있다.

이와 동시에 이 법안은 원자력발전을 줄이고 재생에너지 비중을 늘린다는 내용도 포함하고 있다. 또한 프랑스는 독일과 마찬가지로 탄소포집 및 저장 기술을 사용하지 않는 석탄화력발전소 건설의 경우 지원을 중단하고, 대신 재생에너지 사업에 대한 투자를 늘릴 것을 최근 발표한 바 있다.

6) 일본

일본은 기후변화 대응과 온실가스 감축을 위한 기술개발을 촉진하는 법률 및 정책을 강화하고 있으며, 청정에너지 개발을 위한 예산 역시 크게 확대하고 있다. 2016년 일본 정부는 지구온난화 대책 계획을 발표한 바 있으며, 온실가스 배출량 감축을 위해 차세대 지열발전, 에너지 저장 등 8개 분야의 신기술 연구개발 지원 계획을 수립하였다. 또한 같은 해 발표된 에너지 혁신 전략은 신재생에너지와 청정에너지 기술, 그리고 이와 더불어 잠재적으로 온실가스 감축량이 클 것으로 기대되는 기술을 선별하여 정부 차원에서 지원하는 방안을 골자로 하고 있다.

이러한 일본의 기후변화 대응 정책은 실리를 추구하기 위해 산업 경쟁력 확보를 우선시한다는 평가를 받고 있다. 원칙적으로는 산업계의 자율 감축과 기업 간 협력을 독려하고, 산업 전체의 기술력을 끌어올려 감축 목표를 달성하는 방향을 견지하고 있는 것이다. 일본의 감축 목표는 교토의정서 체결 후에 총 4차례 변경 또는 수정되었는데 이는 목표 달성의 불확실성, 2011년 후쿠시마 사태 발생, 정권 기조 변화 등의 이유 때문이었다.

7) 중국

중국은 경제 급성장의 여파로 자원 고갈 및 심각한 환경 오염 문제에 봉착해 있다. 이에 중국 정부는 신기후체제 하에서 경제와 환경의 동반 성장을 목표로 하여 적극적으로 관련 법률을 제정하는 동시에 녹색산업 양성을 비롯한 다양한 정책적 노력을 기울이고 있다.

특히 중국은 원전 및 신재생에너지를 통해 에너지 공급을 다변화하면서 이 분야를 새로운 국가 성장동력으로 삼아 지속적으로 발전시키고 있다. 전력시장, 기술지원, 재생에너지 보급 확대, 기업환경 개선, 스마트 그리드 구축을 아우르는 다양한 정책들은 이의 일환에서 추진되고 있는 것이다.

NDC에 따르면 중국은 온실가스 배출량을 2030년까지 탄소집약도 (배출량/GDP) 기준 2005년 대비 60~65% 감축한다는 계획을 가지고 있다. 이를 달성하기 위해 중국 정부는 탄소배출권 거래제를 도입함과 동시에. 화석연료가 아닌 에너지 비중을 20%까지 확대하며 산림 면적도 크게 증가시킬 예정이다. 또한 현재 운영되고 있지만 생산력이 떨어지거나 기후변화 대응을 위한 표준에 미달하는 석탄발전소의 경우 운영을 중단하기로 하였으며 에너지 절약 및 효율 개선, 에너지 자원 활용, 청정에너지 개발 등의 사업에 대해 자금 지원을 확대하겠다고 발표한 바 있다.

특히 교통 부문에서 배기가스 배출을 최소화하기 위해 구매보조금 지급 등 전기자동차 보급 확대 정책을 강력하게 추진하고 있다.

8) 인도

인도는 오랫동안 기후변화의 책임을 선진국에 돌려왔으나 최근 들어 기후변화의 위험에 직접적으로 노출되었을 뿐더러 에너지 자립도를 개선할 필요성이 대두됨에 따라 기후변화 대응에 좀 더 적극적인 태도를 보이고 있다. 특히 현임 모디 총리의 군건한 지지 아래 신재생에너지 확대를 통한 온실가스 배출량 감축을 적극적으로 추진하고 있다.

실제로 인도 정부는 2015년 NDC에서 이산화탄소 배출량을 탄소집약도 기준 2005년 대비 33~35% 감축하겠다고 발표했다. 이를 달성하기 위해 신재생에너지 전력생산 비율을 2030년까지 40%로 확대할 계획이다. 또한 교통 분야에 초점을 맞춰 온실가스 배출을 감축시킬 수 있는 산업을 육성하고, 에너지 효율 향상, 승용차 효율 개선 및 태양에너지 확대 사업을 계획하고 있다.

이와 동시에 인도 정부는 신재생에너지 공급 확대를 위해 다양한 제도적 지원을 마련하고 있으며, 선진국과의 협력에도 적극적으로 나섬으로써 자국의 온실가스 감축 목표 달성을 위해 노력하고 있다.

4. 시사점

2015년 출범한 신기후체제 하에서 세계 각국은 이산화탄소 배출량 감축을 위한 목표를 설정하고 이를 보고 및 검토할 의무를 지니게 되었다. 이는 기후변화 대응이 더는 규범적이기만 한 의제가 아니며 우리 사회와 경제 전반에 막대하고도 실질적인 변화를 가져올 것임을 암시한다.

위에서 살펴본 것처럼, EU 국가 및 미국, 중국, 일본, 인도 등은 이미 기후변화와 관련된 법과 제도를 치밀하게 준비하여 자국의 온실가스 감축 목표 달성을 위해 노력하고 있다. 이들 국가들은 공통적으로 화력발전 관련 산업에 대한 지원을 축소하고, 궁극적으로는 이를 사장하는 내용을 포함하고 있다. 그 대신 청정에너지 중심의 신산업에 정부가 직접적으로 막대한 양을 투자할 계획을 세우고 있다.

이러한 변화는 과연 어느 국가가 새로운 청정에너지 산업계를 선도하게 될 것인지를 두고 국제적 각축이 벌어질 것을 예측할 수 있게 함과 동시에, 대내적으로는 화력발전에 의존하고 있던 전통적 경제구조가 급변함으로써 사회적 불안이 조성될 위험성이 있음을 암시한다. 이는 곧 우리 정부 역시 기후변화 대응 정책 수립과 이행 과정에서 적극적으로 청정에너지 산업을 유치 및 양성하되, 다른 한편으로는 에너지 구조 전환 과정에서 불가피하게 발생할 수밖에 없는 경제적 피해를 최소화해야 한다는 인식이 필요하다는 것을 일깨워준다.

제10장 '정의로운 전환'의 기존 개념과 한계

1. 정의로운 전환의 등장 배경

정의로운 전환이 등장한 배경은 1970년대 미국의 데탕트 시기이다. 냉전으로 격화된 미-소 갈등이 1970년대 일시적 해빙기를 맞자 미국 정치권은 군비 축소를 논의하게 되었고, 이는 안보 관련 산업에 종사하던 미국 노동자들을 실직 위기로 내모는 결과를 낳았다. 당시 미국 석유화학원자력 노동조합을 이끌고 있던 토니 마조치(Tony Mazzocchi)는 실직 위험에 봉착한 안보 관련 산업계를 대표하는 노동조합을 탈냉전 계획 수립과정에 적극적으로 참여시킬 것을 정부에 요구했다. 미 정부가 제2차 세계대전 전후(前後) 전쟁유공자의 노동시장 재진입을 지원하고자 「군인 재적응법(Servicemen's Readjustment Act)」을 시행했던 것처럼, 1970년대 군비 축소로 인해 실업 위기에 놓인 전쟁 관련 산업 노동자 역시 국가가 보호하고 지원해야 한다는 것이 마조치의 핵심 주장이었다.

이러한 안보 관련 산업 노동자를 보호하기 위한 마조치의 주장은, 1980년대에 접어들면서 오염산업에 종사하는 노동자들에게까지 확장 적용되기 시작했다. 환경보호의 필요성이 미국 사회에서 대두됨에 따라 각종 규제정책이 도입되고 이로 인해 오염산업에 대규모 실직 바람이 불게 된 것이다. 이를 목격한 마조치는 다시 한번 더 자신의 주장을 설파하며, 오염산업에 종사하던 노동자의 생계 보호를 위한 '노동자를 위한 슈퍼펀드' 설립을 정부에 강력히 요구했다.

이렇게 현대사회에서 발생하는 다양한 사회·경제·정치적 요인으로 인해 쇠락해버린 산업에서 종사하는 노동자들을 보호해야 한다는 마조치의 주장은 이후 본인과 동료들에 의해 '정의로운 전환'이라는 개념으로 발전되었다. 실제 1990년대부터 미국과 캐나다의 다수 노동단체가 위와 같은 마조치의 정의로운 전환의 개념을 인용하고 활발히 논의하기도 했다. 미국에서 시작된 정의로운 전환의 개념에 대한 관심은 2000년대부터 점차 국제적으로 확산되었다. 기후변화에 관한 관심이 높아지고 이에 대한 대응을 위한 국제적 논의가 활발해짐에 따라 세계 각국의 노동조직들은 기후변화에 대한 국제합의가 가져올 사회적 변화와 고용 충격을 우려하게 되었기 때문이다.

이에 따라 국제노동조합연합(International Trade Union Confederation)을 위시한 노동단체들은 앞서 마조치에 의해 정립된 정의로운 전환의 개념을 기후변화 대응에 관한 UN 합의 도출 과정에 포함시키기 위해 노력했다. 그 결과 정의로운 전환 원칙은 2009년 코펜하겐 기후협약 교섭문과 2015년 파리협정 전문에서 다루어지게 되었다. 특히 코펜하겐 기후협약 교섭문은 "보다 지속가능한 생산 및 소비를 바탕으로, 세계경제 성장 패턴을 저탄소 경제로 전환하고 지속가능한 생활양식과 기후 탄력적인 개발을 증진하는 동시에 노동력의 정의로운 전환을 보장하는 경제 전환이 필요하다"[1]고 명시하였다.

---

1 "An economic transition is needed that shifts global economic growth

특히 2015년 UN에서 지속가능발전목표를 채택한 이후 경제·환경·사회의 조화로운 성장이라는 방향성이 전 세계 개발 전략을 주도하고 있는 만큼, 오염산업에 종사해온 경제 주체를 포용하고 보호할 수 있는 사회안전망을 확립해야 한다는 공감대는 이제 대세가 되어가고 있다. 실제로 2015년 파리협정 체결 이후 기후변화 정책의 영향 속에서 실직 위기를 맞은 석탄산업 관련 노동자를 위한 경제 전환 연구가 눈에 띄게 증가하고 있다(Pai et al, 2020).

이때, 이러한 정의로운 전환의 논리는 산업이 자연을 파괴하고 있다는 사실 자체를 부정하는 것은 결코 아니다. 정의로운 전환이 필요하다고 주장하는 측은 단지, 기후변화에 대한 대응 과정에서 자연환경뿐 아니라 노동자들 역시 공공정책을 통해 보호해야 하는 대상이 되어야 함을 강조하고 있을 뿐이다.

즉 정의로운 전환의 논리는 오히려 환경보호와 경제 및 일자리가 대척점에 있다는 이분법적 사고를 극복하기 위한 노력의 일환으로 이해되어야 한다. 하지만 문제는 지금까지 논의되어온 이러한 정의로운 전환의 논리는 주로 석탄산업을 비롯한 오염산업의 종사자들에게 어떻게 하면 대체 고용을 보장할 수 있을지에만 머물러 있다는 점이다. 다음 절은 기존의 정의로운 전환 개념의 제한적 활용에 대해 다룬다.

patterns towards a low emission economy based on more sustainable production and consumption, promoting sustainable lifestyles and climate-resilient development while ensuring a just transition of the workforce." (UNFCCC, 2009).

2. 정의로운 전환 개념의 과거 사용 사례

앞에서 언급한 바와 같이, 정의로운 전환은 1970년대 미국의 노동 운동 과정에서 발원하여 2000년대 후반부터 국제적 관심 대상으로 떠올랐다. 그리고 환경 정의(environmental justice), 특히 기후 정의(climate justice)의 개념과 맞물려 다수의 국제기후변화 합의에 그 이름을 올리기 시작했다. 이러한 관심에도, 정의로운 전환이라는 개념을 과연 어떻게 정의(definition)해야 하는가에 대해서는 여전히 의견이 분분하다. 각기 다른 분야의 이해관계자 그룹이 정의로운 전환의 핵심 주장을 서로 다르게 해석하고 있기 때문이다.

보다 구체적으로 정의로운 전환에 대한 해석 차이는 크게 세 가지 지점에서 나타난다. 바로 1) 사회적 공정성과 생태적 공정성 간의 균형, 2) 정의로운 전환을 위한 국가의 역할, 그리고 3) 정의로운 전환을 위한 정책을 바라보는 견해 차가 바로 그것이다(Snell, 2018).

먼저, 노동운동 분야에 있어 정의로운 전환은 세계경제가 지속가능한 발전을 추구하는 과정 속에서 실업 및 폐업 위기에 봉착한 노동자들을 정부의 세심한 계획을 통해 보호 및 지원하여 '뒤처지는 사람이 없도록(no one left behind)' 만든다는 사회적 공정성의 의미를 내포한다(Rosemberg, 2017; Labor Network for Sustainability and Strategic Practice, 2017). 따라서 기존 오염산업에 종사하였던 노동자가 새로운 일자리를 찾을 수 있도록 재교육 및 재배치를 제도적, 금전적으로 지원하는 정책이 주로 논의되었다. 환경보호를 위한 변화의 필요성을 인정하지만 그보다는 노동자를 위한 보상 정도와 방법에 초점을 맞춘 것이다.

반면 환경 및 기후변화 운동 분야의 경우, 이러한 노동운동 분야의 정의로운 전환에 대한 해석을 보다 확장하여, 정의로운 전환을 기후변화를 완화하기 위해 전 지구적 행동을 촉발할 수 있는 기제로서 해석하고자 한다(Snell, 2018). 이러한 측면에서 환경보호에 비중을 두는 집단은 녹색산업 활성화를 강조한다. 실직한 오염산업 노동자들을 녹색산업으로 재배치하고, 친환경 산업을 활성화하여 경제, 산업, 그리고 노동을 지속가능한 경로로 전환하는 전방위적인 과정에 집중하고 있는 것이다.

정의로운 전환을 위한 국가의 역할에서도 견해차가 드러난다. 시장(market) 홀로 정의로운 전환을 달성하기는 어려우므로 정부의 개입이 필요하다는 인식에 대해서는 공감대가 형성되어 있다. 그러나 이견이 있는 부분은 어떤 측면에서 어느 정도의 개입이 필요한지이다. 정의로운 전환이 케인스주의를 단순 재해석하고 있는지, 혹은 생산 관계의 완전한 변화를 요구하는지 학자 간 의견이 분분하다(Schwartzman, 2011). 지금까지 논의된 정의로운 전환에 대한 견해차는 〈표 14〉와 같이 요약할 수 있다.

〈표 14〉 정의로운 전환의 개념 차이

구성 요소	정의 (justice)	정의의 개념에 대한 견해차가 있음
	전환 (transition)	전환의 개념에 대한 견해차가 있음
섹터	노동계	사회적 공정성에 초점을 맞춰 노동자의 생계를 보장하고 재교육을 통해 노동시장에 재배치하고자 함
	환경계	생태적 공정성에 초점을 맞춰 생태지표를 개선하고 기존의 경제구조를 조정하여 탈석탄을 촉진하기 위해 노력함
	국제사회	환경계와 노동계의 시각을 연결하여 노동자를 보호함과 동시에 녹색경제로의 전환을 추구함

| 해석 | 국가의 역할 | 국가 개입을 정당화하는 녹색 케인스주의와 생산관계의 전범위적 전환을 요구하는 부류로 나뉨 |
| | 정책 방향 | 정부가 주도한다는 시각과 노동조합과 환경단체의 정책 보완이 더욱 중요하다는 관점으로 나뉨 |

오늘날 국제사회에서 주류로 받아들여지는 정의로운 전환의 개념은 전자인 노동과 고용 보장에 그 초점을 맞추고 있다. 2018년 유엔기후변화협약 제24차 당사국 총회(COP24)에서 합의된 '연대와 정의로운 전환 실레지아 선언(Solidarity and Just Transition Silesia Declaration)'은 국제사회가 정의로운 전환을 "노동인구의 정의로운 전환 및 양질의 일자리 창출(just transition of the workforce and the creation of decent work and quality jobs)"이라는 맥락에서 이해하고 있음을 드러냈다.

이는 국제노동기구(International Labor Organization)가 2015년 발간한 〈환경적으로 지속가능한 경제와 모든 사회를 향한 정의로운 전환 지침(Guidelines for a just transition towards environmentally sustainable economies and societies for all)〉이 제안한 내용을 바탕으로 한다. 이 지침은 정의로운 전환을 위한 정책적 프레임워크가 지속가능발전과 양질의 일자리, 녹색 일자리를 제안해야 하며, 특히 양질의 일자리를 구성하는 요소는 사회적 논의와 사회적 보호, 그리고 직장에서의 권리 보장이라고 설명했다. 각 요소와 정의로운 전환의 관계는 〈표 14〉와 같이 요약할 수 있다.

이처럼 정의로운 전환에 관한 주류적 관점은 노동자-산업-정부 간의 대화와 합의를 통한 일자리 창출 및 노동력 재배치를 강조한다. 그러나 McCauley & Heffron(2018)은 좀 더 포괄적인 관점에서 저탄소사회로 나아가는 공정하고 공평한 과정 전반을 정의로운 전환으로

〈표 15〉 양질의 일자리를 구성하는 요소와 정의로운 전환의 연계성

사회적 논의 (Social discourse)	사회적 논의는 정의로운 전환의 중심 요소라고 볼 수 있으며, 노사(勞使) 간의 관계이면서도 정부를 포함한 3자의 관계라고 볼 수도 있음. 사회적 논의는 경제적, 사회적 정책과 합의를 도출하기 위한 협상, 자문, 정보 공유와 같은 형식적 프로세스를 포함.
사회적 보호 (Social protection)	사회적 보호는 건강보험과 소득보장에 대한 접근성을 의미하며, 산업 전환기의 고용불안과 실업의 위험으로부터 노동자와 그 가족을 보호해야 한다는 의미.
직장에서의 권리 (Rights at work)	직장에서의 권리란 결사 및 단체교섭에 대한 권리를 포함. 이는 정의로운 전환과 사회적 논의의 필수적 선결 조건, 집회와 단체교섭이 불가능한 상황에서 개인은 전환을 위한 계획 수립에 참여할 수 없기 때문.

출처: Smith, 2017.

파악했다. 이들의 관점에서 '정의'란 국가의 경제 수준을 막론하고 모든 상황에서 인종, 소득, 성별에 따른 차별 문제를 공정하고 형평성 있게 해결하는 것을 의미하며, '전환'은 모든 개인과 공동체를 위한 원칙, 도구, 또는 협약을 개발하는 일을 포함한 다층적, 전 지구적 과정을 뜻한다.

위와 같이 해석하는 주체의 사회적, 정치·경제적 입장에 따라 정의로운 전환 개념의 해석에 큰 차이가 존재한다. 이러한 개념적 모호성 외에도 현재 진행되고 있는 정의로운 전환 개념과 그 논의에 대한 비판 지점은 존재한다. 첫째, 국제적 수준에서의 논의와 비교해 개별 국가의 국내 수준에서는 정의로운 전환에 관한 관심이 부족하다는 지적이 있다 (Labor Network for Sustainability and Strategic Practice, 2017). 실제로 정의로운 전환을 위한 각종 정책들이 수립되고, 집행하는 주체는 개별 국가임에도, 지금까지 정의로운 전환에 대한 논의가 대부분 개별 국가의 맥락이 아닌 국제 수준에서만 이뤄져 실천적 측면에서 의구심

을 불러일으키고 있는 것이다.

둘째, 정의로운 전환이라는 개념이 완전히 새로운 인류사회의 지향이라기보다는, 역사적으로 매번 노동자들이 겪어왔던 실직의 위협에 대한 대응 방식을 약간의 미사여구를 붙여 표현한 것에 지나지 않는다는 비판이 있다. 이전의 인류 역사에서 이뤄져왔던 여러 경제적 전환의 경험들에 비추어볼 때, 이러한 경제구조 전반의 변화는 본질적으로 불의하고 불평등하기에, 이에 대해 '정의로운'이라는 수식어를 붙인다 해서 큰 차이를 보이는 것은 아니라고 주장하는 회의론 역시 존재한다(Labor Network for Sustainability and Strategic Practice, 2017).

셋째, 가장 중요하지만 지금까지 상대적으로 논의되지 못한 정의로운 전환 개념에 대한 비판 지점은 바로 이 개념이 근거하고 있는 세계관에 있다. 물론 정의로운 전환에 대해서는 다양한 해석의 방식이 존재하지만, 현재 국제사회 내에서 받아들여지고 있는 주류적 해석은 여전히 산업사회를 지탱해온 '근대적 발전관'에 근거하고 있다. 기계적 자연관, 양적 확장, 기술만능주의를 기반으로 한 근대적 의미의 성장은 기후변화의 위기 속에서 그 한계를 명백히 보여주고 있다. 앞서 보았듯, 정의로운 전환에 대한 논의 역시 근대적 의미의 발전과 성장에 인류사회가 치중함에 따라 발생하는 여러 문제들을 해결하기 위한 노력의 일환이다.

그러나 지금까지 이뤄져온 정의로운 전환 담론은 이러한 근대 산업사회와 탄소경제를 극복함을 목표로 하고 있음에도, 여전히 성장과 발전을 최고의 가치로 삼는 근대의 세계관을 벗어나지 못하고 있다는 근원적 한계를 갖는다는 것이다.

3. 정의로운 전환의 최근 사례

　지금까지 이뤄져온 정의로운 전환 담론은 주로 "탈석탄 정책으로 인해 실업과 고용불안에 봉착한 석탄산업 노동자의 생계를 지원하고 이들을 재교육하여 구조조정 이후의 녹색경제 체제에 편입시키는 것"에 초점을 맞추고 있다. 즉 탄소에 대한 의존을 줄여나가는 에너지 전환 과정에서 발생하는 혼란을 석탄업계 종사자들의 소득보장을 통해 사회적으로 수용하는 것을 목표로 하는 것이다. 물론 이러한 주류적 관점이 목표로 하는 것처럼, 대체 고용의 기회를 확대하여 저탄소로의 경제구조 재편에서 사회 구성원 중 그 누구도 소외되지 않도록 포용적 정책을 펼치는 일은 분명 필요하다.

　하지만 이러한 방식만으로는 정의로운 전환을 온전히 실현할 수 없다. 무엇보다도 전환의 핵심 가치를 금전적 보상에 예속시키는 경향이 크기 때문이다. 이에 다음에서는 이러한 정의로운 전환에 대한 새로운 개념 설정의 필요성을 해외의 탈석탄산업정책의 사례를 통해 보여준다. 다시 말해, 진정한 의미의 정의로운 전환이 이뤄지기 위해서는 오염산업의 폐쇄 및 노동자에 대한 보상, 재교육, 재배치라는 요소로 구성된 협의의 정의로운 전환보다 더욱더 포괄적이고 전방위적인 합의가 필수적이라는 것이다. 이러한 해외 사례에 기반하여, 다음 절은 우리나라 석탄발전의 현황과 해외 사례를 통해 도출된 시사점을 종합적으로 검토한다.

1) 독일 노르트라인 베스트팔렌 (Nordrhine Westfalen) 주

독일은 이익집단 간의 협상, 특히 노조, 회사, 정부라는 세 사회 주체 간의 협상에 기반해 정책이 결정되고 집행되는 조합주의적 (corporatism) 전통을 오랜 시간 발전시켜 왔다(Esping-Anderson, 1990). 2007년, 독일 정부는 자국 내 모든 광산을 향후 10년 이내에 폐지한다는 정책을 수립하였고, 2018년 말 마지막 탄광을 폐쇄했다. 이에 더하여 독일 정부는 2038년까지 독일 내 모든 석탄화력발전소를 운영 중단할 것임을 발표했다.

이러한 독일 정부의 과감한 탈석탄 정책의 타격을 가장 크게 받은 지역은 바로 노르트라인 베스트팔렌주였다. 역사적으로 "석탄과 철의 땅"이라고 불릴 정도로 독일의 제조업 역사에 큰 함의를 지닌 노르트라인 베스트팔렌에는 탄광 중 다수가 위치하고 있었다. 이로 인해 독일 정부의 광산 폐쇄 및 석탄화력발전소 중단 정책은 지역사회와 노동조합의 극심한 저항에 직면할 수밖에 없었다.

이러한 갈등 상황을 정부는 독일이 오랫동안 발전시켜온 조합주의적 전통을 통해 해결하고자 시도했다. 정부 방침에 따라 산업 구조조정을 앞두고 석탄·철강 기업의 고용주와 피고용인이 각각 절반을 구성하는 감사회(supervisory board)가 조직된 것이다. 이렇게 구성된 감사회와 주정부 및 중앙정부는 탄광 폐쇄 절차와 후속 조치를 두고 긴밀히 협력하는 모습을 보였다.

그리고 이 같은 노-사-정 협력의 결과 노르트라인 베스트팔렌은 과거 철강 및 석탄산업의 중심지에서 신에너지 기술의 신도 지역으로 성공적으로 변모할 수 있게 되었다. 2009년 기준으로, 이 지역에는

3,400여 개의 재생에너지 관련 사업체가 운영되고 있으며, 이는 2만 4천여 명의 고용 및 70억 유로(한화 8~9조 원)의 경제적 이익을 창출하고 있다. 이러한 노르트라인 베스트팔렌의 사례는 노동자, 지역공동체, 고용주와 피고용인 간 다각적 협력을 통해 정의로운 전환을 실제로 달성한 결과물로, 세계적으로 많은 관심을 받고 있다.

2) 오스트레일리아 빅토리아 (Victoria) 주

독일과 달리 오스트레일리아에서 노사정 관계는 자유시장경제 전통 속에서 형성되어 왔다. 독일의 사례에서처럼 사회적 주체 간의 공식적인 협의 과정을 운영해본 경험의 부재는 탈석탄이 추진되는 초기 과정에서 세계 2위의 갈탄 매장량을 자랑하는 오스트레일리아의 빅토리아주를 극심한 갈등으로 밀어넣었다.

빅토리아주에서의 탈석탄 기조는 기업에 의해 시작되었다. 이윤 하락을 이유로 기업이 노동조합 및 정부와의 사전 협의 없이 독단적으로 탄광 폐쇄를 결정한 것이다. 이 결과, 기업과 노동조합 간의 갈등은 지역 곳곳에서 터져나왔다.

이러한 갈등을 해결하기 위해 빅토리아 주정부는 특별경제구역을 지정하여 지역 노동자 및 신사업에 포괄적인 재정 지원과 재교육 프로그램 등을 제공하는 정책을 펼쳤다. 그 결과 빅토리아주의 실업률이 하락했고, 전기차 생산업체와 태양광 기업 역시 지역에 유치하는 성과를 거둘 수 있었다. 이와 동시에 노동조합은 자신들의 권익 보호를 위해 환경운동가들과 연합하여 탈석탄 기조의 연착륙을 위한 협력조직(Earthworker Energy Manufacturing Cooperative)을 창설하여, 지역에 태양광을 통한 급탕 시스템을 건설하여 친환경 에너지에 근거해 지역경제를 살리는 역할을 해냈다(Harrahill & Douglas, 2019). 이러한 노동조합 중심의 협력조직의 활약 사례는 전환 과정에서 소외될 수 있었던 노동자들이 주체적으로 움직여 친환경적인 공장을 설립해 성장시켜 나갔다는 점에서 독특한 시사점을 갖는다.

3) 캐나다 앨버타 (Alberta) 주

앨버타주는 캐나다 석탄산업의 중심지로서, 민간 소유의 석탄발전소가 다수 위치하여 있고 화석연료 산업에 대한 공적 지원이 강력하게 제공되어 왔다. 그러나 2015년 지방선거에서 앨버타 역사상 최초로 진보 성향의 신민주당이 집권하며 탈석탄 이슈가 지역 정치의 수면 위로 급부상했다.

주정부는 환경단체와의 협업을 통해 탈석탄을 위한 정의로운 전환 프로그램을 개발하였고, 더불어 노동조합과의 대화를 진행하였다. 그러나 이러한 주정부의 탈석탄 추진 과정은 노동조합을 제외한 나머지 지역사회를 좀 더 포괄적이고 효과적으로 포함하지 못했다는 비판을 받았다. 지역 내 주요 구성원 전체를 포함하지 않고 진행된 탈석탄 논의는 결국, 지역사회의 반발을 야기하게 된 것이다.

더욱이 이에 힘입어 탈석탄에 반대하던 보수주의자들과 지역 석탄 산업계는 친환경 정책이 생산직 근로자의 희생을 유발한다는 주장을 펼치며 주정부를 압박했다. 특히 이들은 탄소세 폐지와 '청정 석탄'을 옹호하며 반-탈석탄 활동을 지속적으로 전개해 나갔다. 더욱이 그동안 석탄 생산으로 막대한 이익을 얻은 민간 전력회사들 역시 탈석탄 이후 지역 노동자 고용 보장 등과 같은 책임을 회피하려는 모습을 보여 앨버타주의 탈석탄 정책은 그 동력을 크게 잃을 수밖에 없었다.

이에 앨버타 주정부는 다른 민간 투자 경로를 활용하여 지역 내 신재생에너지 생산량을 두 배로 늘리고, 이를 통해 7,200여 개의 일자리를 창출해 탈석탄 이후 지역경제를 활성화하겠다는 계획을 제시하였다. 그러나 이러한 앨버타 주정부의 탈석탄 전환 로드맵은 완전한 화석연료 사용의 중단이 아니라 천연가스를 비롯한 다른 화석연료로의 전환을 추구하는 것이라는 비판을 받고 있다. 여전히 현재진행형인 앨버타주의 사례는 탈석탄 과정에서 석탄 산업계의 정치적 영향력 및 동원력, 지역사회와의 사회적 대화 필요성, 중앙정부와의 협력이 무엇보다 중요함을 시사하고 있다.

4) 우리나라 탈석탄 정책의 현황

우리나라는 OECD 회원국 가운데 여섯 번째로 석탄 에너지를 많이 소비하고 있다. 이러한 화석연료에 대한 의존이 향후 가져올 수 있는 문제점을 인식하고, 정부는 현재 그린뉴딜을 비롯한 많은 친환경 정책들을 제안하고 있지만 정의로운 전환에 대한 논의는 노동계와 환경단체들을 통해서만 간헐적으로 언급되고 있을 뿐이다.

우리나라 정부는 현재 가동 중인 석탄발전소 60기 가운데 30기를 2034년까지 폐쇄하고, 폐쇄 대상 30기 가운데 20기를 LNG 연료로 교체하고자 하는 계획을 수립한 바 있다. 그러나 이러한 정부의 탈석탄 계획은 기업과 산업의 입장만을 고려하고 있을 뿐, 이러한 에너지 전환 과정에서 실직의 위기에 처하게 될 노동자에 대한 배려는 극히 미미하다는 한계를 갖고 있다. 2019년 현재 한국전력공사 산하 5개 발전사(동서, 남부, 남동, 중부, 서부발전)의 직원수는 정규직 직원 12,888명, 소속 비정규직 57명, 소속 외 4,982명(파견, 자회사, 민간사업자, 사내하도급 포함)으로 총 17,927명에 달한다(재하청 플랜트 노동자 등 일시 고용되는 일용 노동자는 제외).

즉 정부가 계획하고 있는 석탄발전소 운영 감축이 실제 이뤄진다면 어림잡아 2만 명에 가까운 노동자들이 고용불안을 겪게 될 수 있다는 것이다. 더욱이 노동은 단순한 생계유지의 수단을 넘어 개인의 사회문화적 정체성을 형성하는 기능을 한다는 점을 고려할 때(Green, 2018), 이러한 석탄발전 산업에 종사하고 있는 노동자들에게 석탄발전소 감축은 단순히 일터가 사라지는 것으로 끝나지 않을 공산이 크다.

〈표 16〉 5개 발전공기업 임직원 및 소속 외 인원 현황

구 분	정규직	비정규직	소속 외 인력				
			총계	파견	자회사	민간사업자	사내하도급
동서발전	2,576	39	1,031	0	455	0	576
남부발전	2,472	10	796	0	418	35	343
남동발전	2,548	0	1,243	4	584	0	655
중부발전	2,813	4.75	998	0	527	49	422
서부발전	2,479	3.5	914	10	484	0	420

출처: 각 기업 공시자료.

또한 감축 대상인 석탄발전소가 위치한 지역은 지역경제의 상당 부분을 해당 발전소에 의존하고 있는 경우가 많다. 그러므로 석탄발전 감축으로 인해 발생하게 될 고용불안은 비단 발선산업 종사 노동자들에게만 영향을 미치는 것이 아니라 지역민들에게까지 그 공포를 확장

시킬 가능성이 매우 크다. 실제로 현행 「발전소 주변지역 지원법」에 따르면 발전소 기준 5km 이내에 거주하는 지역주민들은 매해 상당한 액수의 지원금 및 기타 지원을 받고 있으며, 상당수는 발전소 관련 노동자들을 대상으로 경제활동(숙박업, 음식업 등)을 하며 생계를 유지하고 있는 것으로 알려져 있다. 또한 발전소 5km 밖에서 거주하는 주민들의 경우 지원금 수혜 대상은 아니지만 발전소에 필요한 여러 물품 및 용역을 납품하면서 생계를 꾸려나가고 있다. 이러한 상황에서 발전소가 폐쇄된다면, 당장 발전소 운영에 의존하여 생계를 유지하고 있는 지역주민들의 삶은 큰 어려움에 빠질 수밖에 없다.

지방자치단체 역시 지역자원시설세나 발전소주변지역지원금 등 기존에 석탄발전소를 운영함에 따라 얻을 수 있었던 세금 수입과 기타 지원금 확보에 어려움을 겪게 될 가능성이 크며 이는 곧 지역의 피해로 고스란히 돌아간다. 결국 석탄발전소의 폐쇄는 해당 지역 고용 감소는 물론 그에 따른 인구 감소, 그리고 발전소와 직·간접적으로 연관된 지역 경제활동 전반의 쇠퇴를 불러올 위험성이 크다. 이는 곧 노동자 및 지역주민 등 잠재적 피해자의 극심한 저항을 불러일으킬 것이며, 그에 따른 정의로운 전환에 대한 논의가 시급하게 이뤄져야만 한다.

4. 함의 및 고려사항

위에서 검토한 해외 사례들에서도 볼 수 있듯이, 정의로운 전환을 위해서는 그 필요성과 과정에 대한 사회적 합의가 선행되어야 한다. 그러나 이러한 사회적 합의는 역사적으로 노사정 협력 문화가 뿌리 깊게 자리 잡은 국가(독일)에 비해, 자유시장경제의 전통이 강하고 주주 및 경영단이 기업의 의사결정을 지배하는 국가에서는 훨씬 어려웠다. 이렇게 이해관계자 간의 합의를 이뤄내는 것이 어려운 상황에서는 일정 수준의 정책 결정 권한을 보유한 지방정부의 역할이 중요해지게 된다.

우리나라의 경우 현재 정의로운 전환에 대한 개념 인식이 명확하지 않다. 노동운동 및 환경운동 그룹 내부에서 정의로운 전환이 간헐적으로 언급되고 있으나 그동안의 논의들은 흔히 정의로운 전환을 '지속가능성'과 같은 유사 개념과 혼동하여 사용하고 있는 경향이 있다. 이러한 명확한 개념 인식의 부재는 향후 정의로운 전환과 관련된 정책이 추진되는 과정에서 혼란을 불러일으킬 위험성이 크다. 특히 정의로운 전환 과정에 참여해야 할 주체를 정하는 것에서부터 난관에 봉착할 가능성이 높다.

이렇게 지속가능성과 정의로운 전환이 명확히 구분되어 정의되지 않고 여타 관련 주체의 정치적 동원 역량이 부족한 경우, 석탄 관련 기업은 물론 노동계의 저항은 적절하게 제어될 수 없다. 이는 정의로운 전환을 위한 정책 결정과 이행을 가로막는 큰 장애물이 될 수밖에 없다(Harrahill and Douglas, 2019; Jonstone and Newell, 2018).

이러한 상황에서 중요한 것은 바로 지방정부의 역할이다. 오스트레일리아 빅토리아주의 사례에서 볼 수 있었듯, 기업-중앙정부와의 갈등에도 불구하고 빅토리아주가 정의로운 전환에 성공할 수 있었던 이유는 주정부에 높은 수준의 정책적 권한과 자율성이 있었기 때문이다. 즉 관련 개념에 대한 사회적 논의가 성숙되지 않고, 노사정을 비롯한 사회 주체 간의 공식적 합의를 통해 사회문제를 해결해본 경험이 없는 나라의 경우에, 지역의 상황을 누구보다 잘 알고 있는 지방정부가 조정자로서의 역할을 담당한다면 정의로운 전환의 성공 가능성은 높아질 수 있다는 것이다. 이 같은 측면에서 우리나라의 석탄발전을 비롯한 쇠퇴 산업에 기반하고 있는 도시의 지방정부가 이와 같은 재정적, 정책적, 행정적 역량을 갖추고 있는지를 고려하는 일은 정의로운 전환을 추진하는 과정에서 필수적이라 하겠다.

제11장

재11장 정의로운 전환에서 사회 협약의 역할

1. 사회 협약의 등장 배경

독일과 북유럽을 비롯한 유럽의 일부 국가들은 전통적으로 노사정 간의 이익교섭을 통한 정책 합의와 계급 타협의 문화, 즉 조합주의적 문화를 유지해 왔다. 조합주의(corporatism)란 "사회 내 중심적 이익대 표 조직 간 합의의 제도적 양식과 그와 결합된 노사정 간 정책 결정 과 정 및 체계"를 의미한다(장선화, 2014).

그러나 1980년대부터 시작된 세계경제의 글로벌화는 이러한 조합 주의적 전통에 균열을 만들어냈다. 즉 전 세계로 시장 자본주의가 확 대되고, 새로운 형태의 생산수단과 정보기술이 발달함에 따라 노동시 장의 속성이 고용안정성보다는 고용유연성을 강조하는 쪽으로 완전히 달라지게 된 것이다. 이러한 새로운 흐름 속에서 노동자들은 더 높은 수준의 경쟁력과 기술을 갖출 것을 요구받기 시작했다. 또한 이에 더 하여 고령화가 급속도로 진행되면서 실직과 퇴직 이후 노동자들이 당 연하게 누려왔던 연금과 같은 사회적 안정망이 얼마나 지속가능할 수 있을지에 대한 불안감 역시 확산되었다.

이러한 세계경제의 글로벌화, 산업시장의 구조 변화, 이로 인한 사 회적 불안감은 조합주의적 전통에 기반한 대중정당의 지지 기반을 약화시켰고, 노동시장을 구성하는 주요 주체 간의 관계를 변화시켰다. 결국 유럽 각국은 전통적인 조합주의를 대체하는 새로운 노사정 간 '사회 협약'을 체결하기 위한 다양한 노력을 기울이게 되었다.

2. 사회 협약의 정의

사회 협약(social pact)이란 사회경제적 협정의 하나로 글로벌화에 대응하기 위해 통합적 정책 패키지를 결정하고 이행하는 과정에 정부, 노동조합과 사용자단체가 공식적으로 참여하여 도출한 합의(Baccaro & Lim, 2007)를 의미한다. 조금 더 구체적으로는 임금 규제와 복지, 노동시장 개혁에 대한 정부와 노동조합, 그리고 사용자 간의 합의(Hammann & Kelly, 2011)로 정의할 수 있다.

이러한 사회 협약은 전통적인 의미에서의 조합주의와는 차이를 보인다. 무엇보다도 조합주의는 반드시 노사정 간의 3자합의를 의미하지는 않으며(Slomp, 1996), 범사회적 합의 도출보다는 이익대표를 위한 특정 정책 협의를 추구한다는 점이 특징이다. 보다 구체적으로, 조합주의와 사회 협약 간의 차이는 협의 대상의 개입 공식화 여부, 포괄적이고 상호 연관적인 정책 패키지 도출 여부, 재분배 요소의 고려 여부, 조합주의적 경험 여부에 따라 네 가지로 정리할 수 있다(임상훈 & 루치오 바카로, 2006). 첫째, 조합주의는 참여자들 간의 암묵적 정책 결정을 내재하는 반면(Lehmbruch, 1977), 사회 협약은 극적인 변화를 대중에게 공표하는 공식적 사건에 가깝다. 둘째, 조합주의와 비교해 사회 협약의 결과물은 구체적이기보다는 선언적이며 다수의 상호 연관적인

정책 패키지를 포함하는 경향이 있고, 국가 경쟁력 향상을 목표로 한
다(Ebbinghaus & Hassel, 2000; Rhodes, 1998; 2001). 셋째, 사회 협약은 사
회보장 시스템의 개혁과 노동시장 개혁이 주된 이슈임에 반해, 재분배
이슈는 상대적으로 적게 다뤄지는 편이다(Teague, 1995). 넷째, 조합주
의 국가는 위계적이고 중앙집중화된 이해집단(특히 그렇게 조직된 노조 네
트워크)을 필요로 하지만, 사회 협약은 그러한 조직적 이해집단이 발달
하지 못한 국가에서 나타나는 경향이 있다(Baccaro, 2003).

이렇게 조합주의와는 차이를 보이는 사회 협약이 실제 가능해지기
위한 조건으로서, Baccaro & Lim(2007)은 1) 국가적 비상사태를 인지
하여 전통적인 조치는 부족하다는 점을 행위자들이 자각해야 하고, 2)
정부가 국회(입법기관)를 상대로 일방적 전략을 사용할 수 있는 정치적
능력이 없으며, 3) 노동조합 내에서도 정부와의 협력을 지향하는 중도
온건파가 우세해야 한다는 점을 지적한 바 있다.

종합하자면, 시대가 당면한 문제에 따라 사회 각계각층의 이해관계
자가 협의를 통해 정책적 해결방안을 모색한다는 거시적인 관점은 지
속되어 왔으나, 구체적인 상황과 맥락에 따라 이러한 경향성은 조합주
의와 사회 협약이라는 이름으로 구분되었고 그 개념의 세세한 차이도
존재해 왔음을 알 수 있다.

3. 유럽의 사회 협약 주요 사례

1) 스웨덴의 살트쉐바덴 협약(1938)

스웨덴은 1920년대부터 1930년대까지 격렬한 노사갈등을 겪어 기업활동이 위축되었으며, 가난과 굶주림에 지친 국민의 30%가 미국으로 이민을 결정할 정도로 심각한 경제난에 시달렸다. 특히 1931년 파업 시위 중 군대가 노동자에게 발포하여 임산부를 비롯한 다섯 명이 사망한 오달렌 사태는 이러한 사회 분위기를 더욱 극단으로 치닫게 만드는 계기가 되었다.

이러한 극심한 사회적 분열과 경제난이 지속되자 그동안 상호 비난만을 일삼던 기업과 노동계는 더 이상의 갈등은 공멸을 초래할 것이라는 위기의식을 점차 공유하게 되었다. 1932년 선거를 통해 집권한 스웨덴 사회민주당은 노조와 사용자 측이 각각 칼과 방패처럼 휘둘러왔던 파업과 직장폐쇄를 금지하는 법안을 발표하는 방식으로 노사 양쪽을 압박했다. 이러한 법안은 집권 사회민주당이 1936년 농민당(현 중앙당)과 적록연정을 구성하여 의회에서 과반을 차지함에 따라 실현 가능성이 더욱 커졌다. 연립정부가 이러한 법안 통과를 무기로 계속해서 노사 양측을 압박한 결과 약 2년 간의 협상 끝에 1938년 12월 살트쉐바덴에서 사회 협약이 체결될 수 있었다.

살트쉐바덴 협약은 노사 양측의 대표가 참여하여 노사 간 분쟁을 조정할 수 있는 노동시장위원회를 설립했고, 파업과 해고를 제도화했으며, 대규모 파업 및 직장폐쇄와 같은 최후의 수단을 어떻게 통제할 것인지에 대한 방안까지 큰 틀에서 다루고 있다. 이 협약은 노사 간의 갈등에 정부의 개입을 최소화하였고, 대신 노동자와 사용자 양 주체가 자율적으로 분쟁을 봉합할 수 있는 체제를 성공적으로 구축했다고 평가받고 있다. 이는 이후 이어진 노사 합의에 막대한 영향을 끼쳤다(송지원, 2019).

2) 오스트리아의 균등위원회(1957)와 경제 및 사회문제 자문위원회(1963)

오스트리아는 극심한 정치 갈등으로 인한 내전과 잇따라 세계대전에서 패배한 뒤 연합국에 의한 분할 통치를 겪으며 사회통합과 협력의 필요성을 절감했다. 이에 1945년 출범한 오스트리아 국민당 정부는 사회당과 대연정을 이룩했다. 이러한 대연정은 이후 노조와의 합의를 통해 총 5개에 이르는 임금과 물가 관련 사회 협약을 도출하는 밑바탕이 되었다(김홍섭, 2015).

특히 1950년대 후반부터 두드러진 성장 둔화에 대응하기 위하여 '임금 및 물가에 관한 균등위원회'가 설립되었고, 정부, 사용자, 노동자라는 세 주체 모두를 포괄하는 사회적 파트너십이 본격적으로 작동하기 시작하였다. 설립 초기 균등위원회는 법적 토대 위에 설립된 공식 기구가 아니라 비공식적 합의 채널에 불과했지만 점차 제도화되어 1963년 균등위원회는 상설 조직으로 변경될 수 있었다(김홍섭, 2015).

그러나 이러한 오스트리아의 사회적 파트너십은 1990년대를 거치며 점점 쇠퇴하였다. 장장 반세기의 역사를 자랑해왔지만 사회적 파트너십의 전통이 엘리트주의에 뿌리를 내리고 있다는 비판이 잇따라 제기된 것이다. 물론 이후에도 이 같은 사회적 파트너십은 2008년 글로벌 금융위기 시에도 건재하여 그 역할을 하였으나, 이를 주도해온 국민당-사민당 대연정에 대한 국민의 지지는 지속적으로 하락하고 있는 실정이다(김홍섭, 2015).

3) 네덜란드의 바네사르 협약(1982)

네덜란드는 전 유럽이 잇따른 세계대전의 후유증을 앓고 있는 와중에도 꾸준한 경제성장을 기록하였으며, 1960년대에 이미 높은 수준의 사회복지체계를 구축했다. 그러나 70년대에 이르러 두 차례의 석유파동과 경제난을 겪고, 급증하는 사회보장비를 감당하지 못해 정부의 재정적자가 심화되면서 마이너스 성장률과 높은 실업률을 경험해야만 했다. 네덜란드 병(Dutch disease)이라는 신조어가 탄생할 정도의 극심한 경제위기를 극복하기 위해 네덜란드의 노사는 1982년 11월 바세나르 협약을 체결했다. 이 협약은 자발적 임금인상 자제를 바탕으로 네덜란드 기업의 경쟁력을 높이는 것을 목표로 했다.

이와 같은 네덜란드의 사회 협약은 노동재단과 사회경제협의회라는 조직을 통한 노사 간 협의체제인 폴더모델(Polder model)에 기초한다. 노동재단은 노동자와 경영자로 구성되어 있고 양 주체만을 대상으로 상호 간 협의가 진행되는 곳인 반면, 사회경제협의회는 정부와 의회까지 구성원으로 포함되어 각종 자문을 제공할 수 있도록 설립된 기구이다(한국노동연구원, 2004).

바세나르 협약 이후 네덜란드 노사관계는 정부가 중심이 된 중앙집권적 형태에서 노사 양측의 사치에 기반한 분권형으로 변화되었으며, 네덜란드 경제는 협약에 힘입어 다시 성장세를 회복했다(한국노동연구원, 2004). 네덜란드 노사는 바세나르 협약 이후에도 경제위기 국면마다 이러한 사회적 협약을 새롭게 체결하여 극복해왔다. 1990년 경제위기에 대응하기 위한 노사협약인 신노선협약(1993), 2003년 고용조건에 관한 선언(2002), 2004~2005년 고용에 관한 노동재단의 선언문(2003) 등이 바로 그 예이다(한국노동연구원, 2004).

4) 호주의 경제정책 관련 노정협약 합의문(1983)

1983년부터 1996년까지 집권한 호주 노동당 정권은 노동계와 긴밀한 관계를 유지했고, 그동안 노동자총연합은 정부 정책 결정에 강한 영향력을 행사해 온 것이 사실이다. 그러나 70년대부터 지속된 경기 침체로 인해 노사정 모두 경쟁력 확보를 위한 시장 구조조정의 필요성을 절감하게 되었다(한국노동연구원, 2004).

이때 정부와 노동계 간의 밀접한 관계는 물가상승을 억제하면서도 고용을 확대할 수 있는 정책 방안을 활발히 논의할 수 있던 배경으로 기능했다. 이러한 논의의 결과물로 도출된 것이 바로 호주의 노정협약으로, 노조가 임금상승 요구를 중단하는 대신 정부는 노동환경 및 삶의 질을 개선하는 방식으로 '사회적 임금'을 높인다는 내용을 담고 있다. 무엇보다도 경제위기 속에서 노동시장의 유연화는 피할 수 없는 선택이라는 것에 대해 모두가 공감하였다. 이에 따라 노동계와 정부는 이러한 노동시장의 근본적 변화를 받아들이면서도 노동자의 근로조건을 최대한 보장하는 것을 목표로 사회 협약을 도출해낸 것이다.

5) 아일랜드의 국가재건협약(1987)

아일랜드의 노사관계는 북유럽 모델과 달리 적대적 노사관계, 약한 고용보호법, 자발성에 기초한 약한 단체교섭 조정을 특징으로 하는 영미적 전통에 가까웠다. 1970년대 중앙집권화된 교섭을 시도하였으나 조합주의적 전통이 없었을 뿐 아니라 중앙화된 조직의 역량이 부족하여 결국 실패로 끝나고 말았다(Hardiman, 1988). 이러한 실패는 아일랜드 국민들에게 사회 협약 자체에 대한 부정적 이미지를 남기게 되었다. 이후 노동자와 사용자 간의 단체교섭은 주로 기업 단위에서만 파편적으로 이루어졌다.

1980년대 말까지 아일랜드의 경제 상황은 악화일로를 걸었다. 국민총생산과 고용률이 계속해서 하락하였고, 국가 채무를 위한 비용에 총 경상지출의 25%를 써야 할 정도로 재정 상황이 악화됐다. 이러한 극심한 경제난 속에서 아일랜드의 노사정 세 사회 주체들은 상호 협력의 필요성을 절감하게 되었고, 이에 전국경제사회협의회(National Economic and Social Council: NESC)를 발족시키고, 1987년 중앙 교섭을 통한 임금인상 제한과 소득세 감소를 골자로 하는 국가재건협약(Programme for National Recovery: PNR)에 합의하게 된다. PNR은 1987년부터 1990년까지 임금인상 제한, 경영 투명성 강화, 기업 이윤의 사회적 재투자, 정부의 재정지출 축소와 사회보장제도 확장 등의 내용을 핵심으로 경제 안정화를 추구하고자 한 사회 협약이었다.

그러나 사회 협약을 성공적으로 이끌어온 경험의 부재와, 아일랜드 국민 사이에 이미 만연되어 있던 사회 협약에 대한 불신으로 인해 PNR은 최종 합의를 이룬 이후에도 초반 수개월 동안 진통을 겪었다

(임상훈 & 루치오 바카로, 2006). 정부는 기업이 해당 협약을 수용하고 이행하기를 강권하였으나 이는 쉽게 받아들여지지 않았다. 기업들은 1970년대 중단된 중앙집권 교섭의 악몽을 떨치지 못하고 PNR 수용과 이행에 매우 망설이는 모습을 보였으며, 노동계 역시 중앙집권적으로 이뤄진 사회 협약의 효과성에 대해 비관적 태도를 견지했다.

그러나 정부의 조정을 통해 기업과 노동계가 결과적으로 PNR을 수용하고 이행하기로 결정함에 따라 아일랜드는 재정적자 및 국가 부채와 실업률을 모두 해결하고 경제성장의 발판을 마련할 수 있었으며 이후 20년 동안 괄목할 만한 경제성장률을 기록하게 된다. 초기에 사회 협약의 효과에 대해 의문을 제기하던 노동계는, 비록 당장의 임금은 인상되지 않더라도 경제 회생 이후의 실질임금을 높일 수 있으리라는 믿음을 가지게 되었고, 이에 따라 협약의 목적과 과정을 지지했다(조한범 & 이우태, 2017). 동시에 아일랜드 기업들은 사회 협약을 통해 임금인상을 예측 가능한 수준으로 유지하고 인플레이션과 금리를 낮추어 생산성을 보장할 수 있는 친기업적 환경이 조성되리라는 믿음에 협약에 참여하기로 결정을 내렸다(조한범 & 이우태, 2017). 이러한 노동계와 기업의 협약 참여 의지를 바탕으로 정부는 국가적 경제위기 극복을 위해 정당과 정파를 초월하고 협력하여 적극적으로 사회 협약을 추진해나갈 수 있었다.

결과적으로 PNR이 성공을 거둠에 따라 아일랜드는 이후 3년마다 사회 협약을 추진하고, 노사정이 참여하는 중앙심의위원회(Central Review Committee)라는 협약 이행을 모니터링할 수 있는 부속기구를 설립했다. 특히 NESC는 기존 사회 협약의 경험과 그 효과를 검토하여 후속 협의를 제안하고 관리하는 역할을 수행하여 아일랜드의 사회 협약이 지속적으로 체결되는 것에 막대한 기여를 했다. 더욱이 1997년부터는 이러한 사회 협약 체결 과정에 각종 시민단체가 참여하기 시작하면서 아일랜드의 사회 협약은 경제위기 극복뿐 아니라 사회를 통합하고 평등을 도모하는 역할까지 수행할 수 있게 되었다. PNR 이후 체결된 아일랜드 사회 협약은 Programme for Economic and Social Progress(1990~1993), Programme for Com-petitiveness and Work(1994~1996), Part-nership 2000(2000), Programme for Prosperity and Fairness (2000~2003), Sustaining Progress(2003~2005), Transitional Agree-ment(2008) 등이 있다.

6) 스페인 경제사회위원회(1991)

프랑코 총통 사후 민주화가 이뤄짐에 따라 스페인의 노동조합과 사용자연합은 정당과 함께 주요한 정치적 활동의 주체로 기능했다. 민주화 이후 수십년 간 스페인 국민당과 사회당 간의 정권교체가 일어났고, 때때로 정치적·사회적 혼란이 가중되기도 하였다. 그러나 정부의 주도 아래 노조가 참여하는 노사정 협약은 집권당의 이념적 배경과 상관없이 꾸준히 체결됐다(장선화, 2014).

이러한 노사정 간의 사회 협약은 주로 경제사회위원회라는 기구를 통해 이뤄졌다. 스페인 경제사회위원회는 1978년 헌법에 의해 제도적 기반이 마련되었고, 1991년에 실제로 설립되었다. 이 위원회는 경제와 사회 분야의 이해관계자가 관련 정책 결정에 참여할 수 있는 자문 기구로 작동하였고, 이를 통해 노조와 사용사 단체를 비롯한 사회 주체들 간의 협의를 활성화시켜 노조들이 이념적, 정치적 이해관계를 넘어 단체교섭에 적극적으로 참여하여 노동조건을 개선하는 등의 실리를 추구하는 경향을 만들어낸 것으로 평가받는다(장선화, 2014).

7) 이탈리아 사회 협약의 등장과 쇠퇴(1990년대)

사회 협약이 체결되기 이전 이탈리아의 상황은 앞서 살펴본 아일랜드의 사례와 상당 부분 매우 유사했다(임상훈 & 루치오 바카로, 2006). 먼저, 조합주의적 전통이 제대로 작동하지 않았다. 1970년대 말과 1980년대 중반 노사정 이해당사자 간의 교섭 시도가 여러 번 있었으나 단발성에 그쳐 안정적인 제도로 발전하지 못했다. 당시 이탈리아 노조는 임금인상 억제 정책을 수용할 의지가 없었으며, 더욱이 범사회적 합의를 이루기에는 이탈리아 노사관계가 조직적, 제도적으로 준비되어 있지 않았다.

1990년대 이탈리아는 극심한 환율 불안정 속에 만성적인 경상수지 적자 문제에 시달렸고, 정치권 역시 스캔들에 휩싸여 집권당을 포함한 주요 정당이 해체되는 혼란을 겪었으며, 동시에 마피아에 의한 테러가 지속되어 사회 불안이 팽배해져 갔다(임상훈 & 루치오 바카로, 2006). 이에 이탈리아 정부는 1992년 임금-물가 연동제 폐지에 노조의 동의를 강권하였고, 1993년 임금연동제 폐지와 함께 산업 및 사업장 수준으로 구분된 2단계 단체교섭 제도를 도입했다.

1995년에는 정부와 노조 간 연금체계 개혁을 위한 협상이 계속되었고, 1996년에는 노사정 간 노동시장 유연성 협약을 체결하여 비정규직 고용을 도입했다. 1998년에는 노사정이 기존의 2단계 단체교섭 방식을 확정했고, 노동 및 사회 정책에 대해 정부와 노조가 협의하는 것을 제도화하도록 하였다.

그러나 이러한 정부 주도로 체결된 일련의 사회 협약은 사용자 측의 지속적 참여를 유인하지 못했다. 이는 기업과 비집권 세력인 이탈리아 중도 우파연합의 동맹을 불러일으켰고, 그 결과 탄생한 신정부는 이전 정권과 노조의 협력을 비판하며 고용 유동성의 확대와 기업 활동 활성화를 위한 탈규제를 주장하였다. 이러한 맥락에서 신정부는 개인 노동자 해고를 덜 엄격하게 하는 대신 감세 혜택을 준다는 내용의 새로운 사회 협약을 추진하였다. 그 과정에서 노조는 극심한 분열을 겪었고, 이후 이탈리아 노조의 크기와 결속력은 지속적으로 약화되어 현실적인 정치 교섭력을 상당 부분 상실하는 결과를 낳았다(Culpepper & Regan, 2014).

8) 핀란드의 소득정책협약(2003)

핀란드는 오랜 사회민주주의 전통을 자랑하며, 다양한 이해관계자가 국가 정책 결정과정에 적극적으로 참여해온 역사가 존재한다. 특히 핀란드의 노조는 조직률이 높고 오랜 시간 집권해온 사민주의 정당과 깊이 연계되어 있다(장선화, 2014).

핀란드 사회 협약은 노사가 주도하고 정부가 참여하여 보증하는 형식(장선화, 2014)으로 이를 '소득정책협약'이라 한다. 이러한 소득정책협약의 내용은 시대에 발맞춰 변화해왔다. 70년대까지는 주로 임금과 노동환경 개선, 사회보장 시스템에 관한 협의를 도출했고, 90년대 핀란드가 경기침체에 시달리게 됨에 따라 생산성과 경쟁력, 고용 증진을 중심으로 사회 협약이 체결됐다(한국노동연구원, 2004). 특히 2003년 체결된 소득정책협약은 교섭에 난항을 겪었지만 오랜 협약의 전통 속에서 체결되었고, 넓은 범주의 노조가 협약을 승인하면서 결과적으로 핀란드 임금노동자의 90%가 협약의 적용을 받는 성과를 거두었다.

다만, 협약의 과정이 늘 순탄했던 것만은 아니었다. 2차 세계대전 이후 핀란드에서는 노사 간의 단체교섭 문화가 정착되었으며, 사민당-노조의 사회적 영향력이 강화되었다. 그러나 노사관계는 핀란드에서 소득정책협약 체계가 정착한 이후에도 여전히 상호 대립적인 경우가 많았고 노조 내 계파 갈등 역시 빈번히 나타났다.

또한 협약의 과정에서도, 노사정이 합의를 도출하지 못하거나 합의 이후에도 협약 주체들이 합의된 내용을 이행하지 않는 경우도 많았으며, 협약 이후에 노사 간의 분쟁 역시 크게 줄어들었다고 보기는 어렵다(노사정위원회, 2007).

그럼에도 소득정책협약이 하나의 주요한 사회 체제로 인정받고 핀란드에서 존속할 수 있었던 이유는 협약 이후 경제성장이 지속되었기 때문이다(노사정위원회, 2007). 특히 1990년대 초반 불어닥친 경제위기 속에서 소득정책협약은 노사정으로 하여금 각자의 이익 일부를 포기하는 대신 경제위기 극복이라는 공동의 목표를 추구하게 만드는 기반이 되었다

이러한 핀란드의 사회 협약 사례는 조합주의적 배경 속에서 높은 조직률과 정치 동원력을 갖춘 노조의 영향력과 노조-사민주의 정당의 정치적 결탁이 협약 체결과 그 지속성을 결정한다는 점을 보여준다(장선화, 2014).

9) 독일의 일자리 연대(1998)와 하르츠 개혁(2003)

독일은 자유시장경제 원칙을 바탕으로 하지만 동시에 국가의 적극적 규제와 사회보장제도를 전제하는 사회적 시장경제 체제를 유지해 왔다(유근춘 외, 2014). 그러나 90년대 들어 통일로 인해 재정부담이 증가하고 실업률이 폭등하는 위기 상황을 맞이하게 된다.

이에 1998년 집권한 슈뢰더 정부는 노동시장의 유연화, 사회보장제도 개혁, 법인세 감축을 위한 사회적 타협을 시도했고, 이것이 바로 일자리 연대이다(한국노동연구원, 2004). 그러나 1998년의 일자리 연대는 임금을 제한하고 조세정책과 사회보장제도를 사용자에게 유리하게 변경한다는 이유로 노동계의 극심한 반발을 초래하여 최종 합의에 도달하지 못하고 실패하고 만다.

이후 추진된 하르츠 개혁은, 이 같은 실패 경험을 바탕으로 슈뢰더 정부가 2003~2005년 실시한 노동시장 개혁조치다. 슈뢰더 총리는 정부, 정치인, 기업, 전문가, 노조 대표로 구성된 위원회를 조직하여 노동 개혁 문제를 논의한 끝에 임금 및 노동시장 유연화를 주 내용으로 삼는 사회 협약인 하르츠 개혁을 시행하였다. 하르츠 개혁의 결과 실업 수당 지급 기간과 해고제한법이 완화되고 단시간 저임금 근로자가 확대되어 독일 실업률이 하락하는 성과를 거둘 수 있었다.

10) 함의와 시사점

위의 아홉 국가의 사례에서 볼 수 있듯이, 유럽 국가들에서 이뤄진 사회 협약은 공통적으로 극심한 경제위기 및 국내외 사회 불안을 바탕으로 추진력을 얻을 수 있었다. 주목할 것은 조합주의적 전통이 약했던 아일랜드, 이탈리아, 스페인과 같은 나라에서도 사회 협약이 실제로 이뤄졌다는 사실이다. 조합주의 전통의 국가들과는 달리 이들 세 나라는 사회민주주의 정치 세력이 정치적으로 압도적인 위치를 점하고 있지 않으며, 노동계를 비롯한 이해관계자들이 치밀하게 조직화되어 있지 못하여 임금 교섭 등의 노사 간 합의는 개별 기업별로 파편적으로 진행되는 경우가 많았다.

이러한 한계에도 이들 국가들이 사회 협약을 성공적으로 이뤄낼 수 있었다는 점에서 미루어 볼 때, 사회 협약은 꼭 경로의존적으로 성공 여부가 결정되는 것이 아니라는 것을 알 수 있다. 오히려 사회 협약은 위기 상황 속에서 새로운 균형을 만들어내고자 하는 노사정 주체 간의 전략적 상호작용의 결과물로서, 결국 행위자 간의 상호 이해에 그 성공이 달려있음을 알 수 있다. 〈표 17〉은 위에서 논의한 유럽 9개국의 사회 협약 사례를 요약하여 정리한 것이다.

〈표 17〉 유럽의 사회협약 사례 요약

국가	배경	계기	주요 특징	한계
스웨덴 (1938)	극심한 노사갈등	1936년 적녹연정	정부개입 노사 협력	
오스트리아 (1957, 1963)	내전 경험으로 인한 대연정	40년대 세계대전 이후 경제위기	비공식적 사회적 파트너십	정당 지지율 하락 노조 조직률 하락
네덜란드 (1982)	높은 사회보장 비용으로 인한 재정적자	70년대 경제위기	임금동결 폴더모델	

국가	배경	계기	주요 특징	한계
호주 (1983)	정권-노조 밀접 관계	70~80년대 경제위기	임금 동결 물가상승 억제	
아일랜드 (1987)	자유시장주의, 노사 대립	80년대 경제위기	임금동결 시민사회 참여확대	노조 조직률 하락
스페인 (1991)	독재체제 하 권위적 조합주의 경험	70~80년대 경제위기	집권이념 변화 속에서도 협약 유지	
이탈리아 (1990년대)	정치사회 불안정	90년대 경제위기	노동시장 유연화 비정규직	사용자집단 이탈 노조분직
핀란드 (2003)	사회민주주의, 조합주의적 전통	90년대 경제위기	다양한 주제 강력한 노조 노사갈등 봉합 노조-정당 연계	
독일 (1998, 2003)	조합주의적 전통	90년대 통일, 경제위기	노동시장 및 임금 유연화	노조 반발 (1998)

4. 우리나라의 사회협약 사례

1) 노사정위원회(1998)

위에서 검토한 유럽의 사례들과는 달리 우리나라는 역사적으로 조합주의적 전통이 전무하다고 볼 수 있다. 노사 간의 단체교섭은 대부분 사업장 수준에서만 이루어졌고, 그 이상의 포괄적 노사협의 사례는 전혀 없다시피 했다.

1998년 아시아 전역을 집어삼킨 금융위기는 우리나라에 노동계와 사용자 간 사회 협약의 필요성을 일깨웠다. 금융위기 해결을 위해 요청한 IMF 구제금융에 대한 대가로, 우리나라 경제 전반에 대한 강력한 구조조정이 요구된 것이다. 이러한 구조조정의 핵심은 바로 노동시장의 유연성을 높이는 데 있었다.

이에 김대중정부는 경제위기 극복을 위해 노사정위원회를 설치하였으며, 3자 간의 합의를 통해 사용자 측은 기업 투명성을 제고하고 의사결정 권한의 일부를 노조와 공유할 것을 약속했으며, 노조 역시 정리해고와 파견고용제도의 제한적 도입을 받아들이게 되었다. 이와 더불어 긴축 예산 기조를 완화하여 사회보장 지원을 확대하기로 결정했다. 그러나 이러한 노사정위원회에서 체결된 합의는 노동계 내부의 극심한 반대를 겪게 된다. 이로 인해 노동계 측 지도부가 교체되는 등 갈등을 거듭하다가 결국 1년 뒤인 1999년 민주노총이 노사정위원회를 탈퇴하여 합의는 무위로 돌아가게 된다. 이후 노사정위원회는 정책 결정 과정에 실질적 영향력을 행사하지 못하고 명맥만 유지하게 되었다.

2) 서울협치협약(2019~2020)

서울시는 2019년부터 약 2년 동안 시정부와 시민사회가 함께 공공문제 설정과 해결방안에 관한 합의를 도출하고 이를 명문화할 수 있도록 하는 서울사회협약포럼을 설립하였다. 이는 사회 발전에 따라 점점 더 복잡하고 난해해진 공공문제를 해결하기 위해서는 그러한 문제의 직간접적인 피해자인 시민의 능동적 참여가 필수적이라는 인식에 기반한 것이다.

실제 포럼을 수립하고 운영하는 과정에서 서울에 위치한 다양한 영역의 시민사회단체들이 상호 작용하였다. 주로 중앙정부나 지방정부가 주도하고 정부가 아닌 행위자들은 수동적으로 이에 따라가는 형식으로 진행되어온 기존의 행정협력 논의와 달리 서울사회협약포럼은 민간조직의 주도 아래 2년 간 50여 차례가 넘는 회의가 진행되었다.

그러나 이러한 서울사회협약을 위한 노력은 미완으로 그치고 만다. 무엇보다 사회 협약 체결에 가장 큰 동력원이었던 정책결정권자가 갑작스럽게 부재하게 되었고, 이에 더하여 코로나19의 확산으로 집단 회의가 불가능했기 때문이었다. 결국 2020년 이내에 서울의 사회 협약(협치협약)을 체결한다는 본래의 목표는 달성하지 못하게 된 것이다.

약 2년 간 이어진 서울사회협약의 추진 과정에서, 이러한 정부 주도의 사회 협약이 갖는 한계 역시 드러났다. 무엇보다도 시민사회의 논의 주체, 권한, 역할, 협약의 목적이 불분명하여 참여자 간에 혼란이 가중되었다는 것이다(서울특별시, 2020). 사회 협약의 필요성을 시민사회가 아닌 정부 측에서 먼저 제기하고 포럼을 수립한 만큼, 시민사회 내부에서 누가 논의의 주체로 나서야 하는지를 결정하는 데 큰 어려움이 있었다.

또한 해당 사회 협약을 통해 시민사회나 지역사회가 어떤 요구사항을 협약 내에 관철할 수 있고, 어떤 역할을 맡을 수 있는지에 대한 이해가 전반적으로 부족하였다는 점 역시 서울사회협약의 한계로 꼽힌다. 서울사회협약은 시민민주주의와 시민이 중심이 되어 꾸려나가는 정부를 실현하는 것을 목표로 제시하였지만 일반 시민들에게 이는 지나치게 불분명하고 어려운 주제로 받아들여졌다. 따라서 참여자들이 깊이 공감하고 필요성을 느낄 수 있는 주제, 이를테면 기후변화나 사회 전환 대응 등을 구체적으로 명시할 필요가 있었음이 지적되었다(서울특별시, 2020)

3) 함의와 시사점

이처럼 사회 협약을 시도한 국내외 사례를 살펴보면, 다양한 이해관계자가 정책 결정과정에 참여했던 사회적 경험이 부재하더라도 협약 도출을 이뤄내는 것이 가능하다는 점을 알 수 있다. 오히려 경로의 존성보다도 협약 도출 성공에 중요한 변수로 작용했던 요인은 경제위기와 같은 불확실/불안정한 변화와 그것으로 인해 야기될 경제 사회적 위험에 대한 공동의 의식이었다. 이는 곧 오늘날 코로나19로 인한 역성장의 위기가 눈앞에 놓여있고, 동시에 저탄소경제로의 전환이라는 이슈가 우리 국민 사이에 그 어느 때보다도 중요한 문제로 부상한 지금이야말로 사회 협약에 관한 논의를 시작하기에 적절함을 유추할 수 있게 만든다.

그러나 앞서 사례에서도 반복적으로 제기되었던 것처럼, 사회 협약이 실질적으로 수립되고 작동하기 위해서는 무엇보다도 참여자들의 관심과 의지가 필요하다. 또한 사회 협약의 체결 과정에서 사용자와 노동자 간의 이해관계를 효과적으로 조정해야 한다. 그래야만 협약 과정에서 관련 집단의 이탈이나 내부 분열을 막을 수 있고, 협약 체결 이후에도 지속적인 순응을 끌어낼 수 있다.

이와 동시에 사회 협약의 구체적인 목표와 내용에도 많은 주의가 필요하다. 임금인상 억제와 노동시간 단축, 고용 유연화를 골자로 하는 유럽의 사회 협약은 경제위기를 극복하는 데 단기적으로 긍정적 효과를 가져왔지만, 궁극적으로는 비정규직을 양산하고 고용 안정성을 위협하는 등 신자유주의적 노동시장 형성에 기여했다는 비판 역시 제기되고 있다. 예를 들어 독일의 경우, 하르츠 개혁의 결과로 저임금 단기간 노동자인 미니잡(mini job) 노동자가 급증하였다. 이러한 미니잡 노동자의 확산은 독일의 고용률을 크게 개선하였다는 평가가 있는 반면, 임금 수준을 하향 평준화하여 실질임금을 하락시켰다는 비판도 존재하고 있다.

제12장 '정의로운 전환' 개념의 확장 필요성

기존의 정의로운 전환이 요구하는 "저탄소 사회로의 전환 과정에서 그 누구도 소외되지 않는 공정하고 포용적인 정책"의 필요성에는 누구도 이의를 제기하지 않을 것이다. 그러나 진정한 의미에서의 정의로운 전환이 이뤄지기 위해서는, 이러한 협소한 정의에만 머무르지 않고 사회-자연 관계를 새롭게 설정하고 진보에 대한 새로운 믿음을 전파함으로써 기존 논의를 넘어서는 진일보한 전환이 필요하다.

시대의 조건은 사람의 믿음에 영향을 미친다. 그러므로 새로운 믿음은 우리 시대 삶의 방식이 과연 옳은 것인지에 대한 합리적 의심을 거치며 생겨난다. 2007년 개최된 세계경제포럼에서는 21세기 이전에는 존재하지 않았던 23개의 위험이 발표되었는데, 이 가운데 절반은 인간의 경제활동에 의해 촉발되어 생겨난 것이었다(World Economic Forum, 2007).

예를 들어, 화석연료에 대한 과도한 의존, 상품의 계획적(designed)/인지적(perceived) 진부화 전략으로 인해 발생한 과소비 관행, 그리고 불평등의 묵인은 바로 이러한 인간의 경제활동이 새로운 환경적, 사회적 위험을 불러온 대표적인 사례에 속한다.

이는 곧 주류 성장모델에 기반한 경제가 점차 자기 파괴적으로 변형되고 있음을 명백히 보여준다. 따라서 오늘날 우리에게 요구되는 것은 서구 근대성이 남긴 자연관과 진보에 대한 믿음이 배태한 문제를 깨닫고, 근대가 우리에게 심어준 믿음은 21세기 시대정신으로는 적합하지 않다는 각성이다. 이러한 각성이 없다면 결국 오늘의 문제를 100여 년 전의 제도로 해결하려는 헛된 시도를 반복할 수밖에 없게 된다.

이러한 주류적 성장모델을 지탱하는 한 축은 바로 근대성에 대한 믿음이다. 인간해방의 원리로서의 서구 근대성은 과학기술의 발전을 통해 자연의 이용을 용이하게 함으로써 경제적 풍요를 안겨 주었지만 부의 생산과 함께 위험의 사회적 생산을 수반(Beck, 1992)한다. 경제성장에 잇따르는 위험들이 의도치 않게 사회 곳곳에 퍼지면서 산업화를 통해 누려왔던 편익을 상쇄하기 때문이다.

이 같은 측면에서 볼 때, 오늘날 우리가 맞닥뜨린 환경 오염, 사회적 위험은 몇몇 기업의 비양심적 행동에서 기인한 것이라기보다는 우리 삶의 방식에 착근된 현상이라고 보아야 한다. 즉 21세기 현재 겪고 있는 위험사회(Beck, 1992)는 근대적 사유와 생산방식의 필연적 결과라는 것이다.

우리는 물질적 풍요를 달성한 근대화와 산업사회의 구조 자체가 역으로 재앙의 근원으로 변모해버린 시대에 살고 있다. 경제의 양적 성장만을 바라보는 진보, 다양성과 특수성을 외면하는 보편성/획일성, 그리고 시장의 논리만을 반영한 자연의 계량화, 이 3자의 조합이 초래한 위험사회는 부의 증대와 위험을 교환하는 파우스트-메피스토펠레스 거래의 산물이다.

위험사회의 도래는 새로운 시대정신을 요구한다. 규범적 가치와 도구적 가치를 모두 포함하는 공공가치로서의 '정의로운 전환'의 달성을 위해서는 지금까지 우리의 인식을 지배해온 근대의 표준화된 믿음과의 결별이 전제되어야 한다. 구체적으로 서구 근대의 유산으로서의 기계적 자연관과 진보 개념에 대한 새로운 이해가 무엇보다 필요하다.

1. 자연관의 전환

현재 우리의 인식을 지배하는 서구 근대의 자연관은 적자생존의 논리를 따르며 철저한 인간중심주의에 기반한다. 서구문명의 자연은 분석, 설명, 이용의 대상일 뿐이다. 근대 이후 인간의 마음에는 정복 대상으로서의 자연만 있을 뿐 생명의 기반으로서의 자연은 존재하지 않았다.

따라서 근대 서양철학과 자연과학이 수립한 인간중심적 서구 자연관에 대한 비판적 평가가 필요하다. 근대 서구과학의 기초를 닦은 데카르트, 베이컨, 그리고 뉴턴은 자연을 인간 이성에 의해 조립되고 법칙에 따라 작동하는 거대한 기계로 파악했다. "나는 생각한다, 고로 존재한다"라는 선언에 드러나듯, 데카르트는 인간 이성을 다른 그 어떤 것보다 앞선다고 보았다. 따라서 이성을 지닌 인간은 자연을 대상으로 실험, 통제, 재구조화할 수 있고 마땅히 그래야 한다고 주장했다. 근대 과학의 정신적 지주로 추앙받는 베이컨 역시 자연의 비밀은 인간에 의한 가혹한 심문을 통해 밝힐 수 있고, 그래야만 자연을 '정복'할 수 있다고 주장했다.

뉴턴 역시 이러한 기계적 자연관을 그대로 가지고 있었다. 그는 물질세계를 법칙의 결과로 보았다. 법칙은 절대적이고 보편적이기 때문에 다양성과 특수성은 비정상성으로 여겨져 배척당했다. 뉴턴으로 대표되는 근대과학은 진리의 유일성을 주장하며 비과학을 악으로 치부하고, 다양한 자연관을 과학으로 평준화했다(진자부로, 김원식 역, 2007).

즉 서구 근대의 과학은 자연으로부터 인간을 분리하고, 자연을 인간의 이성과 물질법칙에 의해 작동되는 타자로 파악해왔다. 이러한 근대 과학의 형성 이후 인간과 자연의 관계에서 인간이 완전한 우위를 점하게 되었다. 그리고 서구문명은 이 같은 "기계로서의 자연(Collingwood, 1945)"인식에 기반하여 죄책감 없이 자연을 착취하는 방식으로 경제성장을 추진해올 수 있었다. 그리고 그 결과 21세기 인간사회는 전례 없는 환경 오염과 자원분배의 불평등 문제를 마주하고 있는 것이다.

이와는 달리 우리나라의 전통적 자연관은 서양의 기계적 자연관과 거리를 두고 있다. 전통적으로 우리가 가져온 자연관에 따르면, 인간은 인간 외의 만물에 대해 마음대로 할 수 있는 권한을 결코 가지고 있지 않다. 그러나 오늘날 자연-사회 간의 관계를 바라보는 우리의 인식은 서구 근대의 관점에 완전히 매몰되어 있다. 이는 파괴적인 서구의 개발 경로 모델을 그대로 답습하는 데서 극명히 드러난다. 결국 이러한 환경 오염과 자원분배의 불평등이라는 새로운 위험을 극복하기 위해 필요한 것은 자연을 이용과 개발 대상만이 아닌 생명의 근원으로 존중하는 자세일 수밖에 없다.

2. 진보 개념의 전환

과연 무엇이 진보인지를 정의하고 그 정도를 측정하는 방식은 문명의 역사에 지대한 영향을 미친다. 지금까지의 인간문명에 있어 진보는 경제 규모의 확대로 대변되는 성장만을을 의미해왔다. 그러나 성장이 곧 그 자체로 "더 좋은 상태로 나아감"을 뜻하는 발전을 의미하는 것은 결코 아니다. 오히려 성장은 발전의 걸림돌이 될 수 있다.

서구의 근대 이후 인간의 의식을 지배한 '진보' 패러다임은 경제적 효용을 극대화하는 개인을 바람직한 인간상으로 규정하고, 물질적 풍요를 달성하면 무한정 행복해질 것이라는 믿음을 심어줬다. 나아가 개인의 욕망 추구를 사회 전체의 이익을 극대화하는 정당한 수단으로 간주했다. 이러한 근대적 의미에서의 진보가 요구하는 인간상은, 모든 행위를 개인의 선택에 수반되는 비용과 편익의 함수관계로 파악하도록 만들었다. 이러한 비용-편익의 모델은 오늘날 대다수의 국가 제도들에 막대한 영향을 미쳐 경제적 효율성을 위해 여타의 규범적, 윤리적 가치들의 희생이 정당화되는 결과를 낳았다.

물론 이러한 개인의 욕망 추구와 경쟁이 인간을 궁핍한 삶에서 탈출시킨 주요한 동력이 되었던 것은 맞다. 하지만 시대가 변화함에 따라 이들은 오히려 점차 사회 전체의 복리와 구성원 간의 공존을 방해하고 있다. 결핍의 시대를 넘어 지나칠 정도의 풍요를 경험하고 있는 인류에게 필요한 진보의 지향점은 성장이 아니라 '발전'이다. 이 같은 맥락에서 볼 때, 이제 경제적 발전은 물질적 풍요로움의 증가가 아니라 "인간이 누리는 실질적 자유의 확장(Amartya Sen)"이 되어야만 한다. 그리고 이러한 인간 자유의 확장을 위한 발전의 과정 속에서, 정의로운 전환은 이의 견인차로서 그 역할을 맡아야 한다.

이러한 측면에서 우리 정부에게 요구되는 정의로운 전환은 첫째, 동시대 다른 사회, 문화, 인종 간의 공존을 뜻하는 '동시대적 공존', 둘

째, 미래 세대와의 공존을 뜻하는 '통시대적 공존', 셋째, 모든 생명의
비시장적 존재가치를 인정하는 '생태적 공존'이라는 세 차원을 모두
아우르는 것이어야만 한다.

결론: 선도국가와
정의로운 전환의 가능성

제13장 한국의 선도국가 도약을 위한 조건들

1. 21세기 선도국가의 과제와 역할

현재 인류가 당면한 가장 중요한 과제는 디지털 전환(digital trans-formation)과 에너지 전환(energy transition)이라 할 수 있다. 이 과제를 해결할 수 있는 방안을 제시하고 집행한 국가가 선도국가의 지위를 차지할 수 있다. 미국, 중국, EU 등이 선도국가가 되기 위해 치열하게 경쟁하고 있다. 선도국가로 인정받기 위해서는 이와 같은 두 가지 전환을 달성하는데 세 가지 원칙을 체계적이고 일관되게 적용해야 한다. 첫째, 포용성은 모든 이해관계자가 참여하여 의견을 자유롭게 개진하는 민주적 방식을 통한 합의 도출을 의미한다(Davutoğlu, 2020). 둘째, 공정성은 특정 지역·국가·계층·집단에 이익이나 손실이 집중되지 않도록 균형·균등하게 분배되어야 함을 뜻한다. 셋째, 지속가능성은 새로운 변화가 단기적으로는 물론 장기적으로 인류의 생존을 위협하지 않도록 설계하고 관리할 수 있어야 함을 의미한다.

에너지 전환과 디지털 전환을 성공적으로 추진하기 위해서는 새로운 사회계약(New social contract)이 필요하다. 새로운 사회계약을 통해 국가, 사회(기업), 개인의 관계에서 권리와 책임을 재조정해야 한다. 특히 두 전환 과정에서 소외되고 피해를 받는 계층/집단에 대한 직업/소

<표 18> 에너지 전환과 디지털 전환 과정의 세 가지 원칙

원칙	한계
포용(inclusiveness)	배제되는 집단과 국가를 최소화
공정(fairness)	성과와 피해를 균등하게 분배
지속가능성(substantiality)	단기적으로뿐만 아니라 장기적인 효과를 추구

득을 지원할 수 있는 방안이 새로운 계약에 반드시 포함되어야 한다. 양극화가 심각한 상황이기 때문에 모든 정책결정 과정은 각 구성원이 합의를 도출할 수 있도록 노력해야 한다.

선도국가는 인류가 당면한 근본 문제를 선제적으로 해결하여 다른 국가들도 따라 할 수 있는 모범규준/국제기준을 개발하고 실천해야 한다. 설령 국가이익에 부합하지 않을 때도 선도국가는 국제사회에서 기대하는 의무를 자발적이고 선제적으로 이행해야 한다. 현재 직면한 가장 심각한 문제인 코로나19 전염병의 방역과 예방에 필요한 정책과 제도를 개발하여 다른 국가들을 지원해야 한다. 포스트 코로나 시대에 필수적인 디지털화와 에너지 전환을 국제적인 압력이 아니라 자발적이고 능동적으로 추진해야 하는 것이다.

2. 한국의 세계 선도국가 가능성

한국은 지금까지 선진국, 중견국, 강소국 등에 해당하는 것으로 분류되어 왔다. 이러한 지위로부터 선도국가로 도약하기 위한 조건들은 무엇일까? 한국은 코로나19 팬데믹을 맞아 전면적 봉쇄 대신 사회적 거리두기를 통해 민주적인 방역을 했을 뿐 아니라 디지털 기술을 방역

<표 19> 명목 GDP 및 1인당 GDP(2020년 추정치)

순위	나라	명목 GDP(백만 달러)*	명목 1인당 GDP(달러)**
1	미국	22,675,271	168,309(10위)
2	중국	16,642,318	11,819(77위)
3	일본	5,378,136	42,928(31위)
4	독일	4,319,286	51,860(24위)
5	영국	3,124,650	46,344(29위)
6	인도	3,049,704	2,191(162위)
7	프랑스	2,938,271	44,995(30위)
8	이탈리아	2,106,287	34,997(36위)
9	캐나다	1,883,487	49,222(26위)
10	한국	1,806,707	34,866(37위)

출처: IMF, World Economic Outlook Data(2021).

에 접목함으로써 가장 효율적인 방역을 한 국가라는 평가를 받고 있다. 특히 정의로운 전환과 선도국가를 두 축으로 한 한국판 뉴딜은 포스트 코로나 시대 세계질서의 핵심 과제인 디지털 전환과 에너지 전환을 동시에 성취할 수 있는 방안으로 제시된 것이다.

우리는 한국이 선도국가가 되기 위해 우선 스스로에 대한 인식과 역할의 전환이 전제되어야 한다고 본다. 1960년대 경제개발 계획이 추진된 이후 한국은 추격자 역할을 성공적으로 수행하였다. 그러나 선도국가로 부상하기 위해서는 선도자 역할을 적극적으로 자임할 필요가 있고 단순히 앞선 성공의 길을 따라가면 되던 추격의 시대가 끝났고 진정한 추월의 시대가 시작되었다는 역사적 전환의 차별성을 인식할 필요가 있다(이근 외, 2013).

경제적 차원에서 한국은 OECD에 가입한 1996년 이후 선진국으로 분류되어 왔다. IMF와 세계은행은 한국은 고소득국(high income country)에 포함시키고 있다. 2007년 한국은 G20 정상회담에 초청됨

〈표 20〉 국가별 제조업 생산: 2018년(백만 달러)

국가	제조업 부가가치	상품수출	제조업 수출	FDI유입 (전체)	FDI유입 (제조업)	노동자 당 제조업 부가 가치(달러)
중국	$3,884,451	$2,318,153	$2,318,153	$138,305	n/a	$29,188
미국	$2,300,398	$1,176,498	$1,176,498	$253,561	$166,889	$177,127
일본	$959,243	$641,106	$641,106	$9,858	$13,242	$92,448
독일	$746,485	$1,364,575	$1,364,575	$73,570	$12,826	$96,632
한국	$427,724	$528,991	$528,991	$12,183	$5,245	$94,841
인도	$409,087	$223,265	$223,265	$42,156	n/a	$7,169
이탈리아	$289,160	$452,134	$452,134	$32,886	$8,481	$73,292
영국	$279,298	$468,817	$468,817	$65,299	$4,058	$108,223
프랑스	$260,321	$462,086	$462,086	$38,185	$20,128	$100,938
멕시코	$214,789	$362,608	$362,608	$34,745	$16,318	$29,931

출처: Lincicome(2021).

으로써 20대 경제대국으로서 지위를 확고하게 다졌다. 코로나19 위기에 대응하여 경제적 피해를 최소화함으로써 〈표 19〉에서 보듯이 2020년에는 명목 GDP가 세계 10위 안에 들 것으로 예상된다. 2021년에는 영국에서 개최된 G7정상회담에 인도, 호주와 함께 초청받아 민주주의 10개국(D10) ― G7+한국, 인도, 호주 ― 으로 인정받았다.

우리나라는 또한 4차 산업혁명과 에너지 전환에 필요한 반도체와 배터리 산업을 보유한 제조강국이다. 〈표 20〉에서 보듯이 제조업 생산의 부가가치 및 수출에서 한국의 순위는 세계 5~8위이다. 이러한 점에서 한국은 4차 산업혁명의 도전에도 잘 대응할 수 있는 국가로 평가되고 있다.

군사안보에서도 우리나라는 더 이상 약소국이 아니다. 군사력은 전통적 의미에서 국력을 평가하는데 가장 중요한 요소라 할 수 있다. 모든

〈표 21〉 세계 주요 국가의 국방비

순위	IISS		SIPRI	
	국가	액수(10억 달러)	국가	액수(10억 달러)
1	미국	738.0	미국	732.0
2	중국	193.3	중국	261.0
3	인도	64.1	인도	71.1
4	영국	61.5	러시아	65.1
5	러시아	60.6	사우디아라비아	61.9
6	프랑스	55.0	프랑스	50.1
7	독일	51.3	독일	49.3
8	일본	49.7	영국	48.7
9	사우디아라비아	48.5	일본	47.6
10	한국	40.4	한국	43.9

출처: IISS(2021), SIPRI(2021).

〈표 22〉 한국의 국가 정체성과 인식의 구체적 내용

구 분	정체성	한국의 국가 정체성 인식의 구체적 내용
1960년대 전반	약소국	중진국인 일본의 지원을 받으면서 중진국의 역할에 의미 부여
1960년대 후반	중진국	급속한 경제성장, 적극적인 외교활동
1970년대	중진국	경제적인 발전의 추구
1980년대 전반	중진국	개발도상국가에 대한 기술협력
1980년대 후반	중견국가	경제적 중진국을 넘었다는 인식의 시작
1990년대	중견국가	UN 안보리 개혁에서 보여준 중견국가 그룹과의 연계
2000년대	중견국가	균형국가, 책임 있는 중견국가 등 한국의 구체적 역할을 강조하는 외교 모색, 구체적인 가교 역할을 강조하는 외교정책 사례들 등장
2010년대	선진국가	G20 회원국
2020년대	선도국가	촛불혁명과 코로나19 위기 전후로 민주주의, 산업구조, 사회문화 분야에서 새로운 가치 제시로 세계사에 새로운 지평을 열어나감

출처: Smith, 2017.

선도국가는 자주국방을 통해 국력을 대외적으로 투사할 수 있는 기반을 가지고 있었다. 〈표 21〉에서 보듯이 핵무기를 제외한 재래식 전력에서 한국의 군사력은 세계 10위권으로 간주되고 있다.

그동안 국제사회에서 한국의 지위를 스스로 나타내는 단어들을 보면 한국의 국가 정체성은 약소국에서 중견국가를 거쳐 선진국으로 변화해왔음을 알 수 있다. 〈표 22〉를 보면 불과 60여 년 전만 해도 한국은 일본의 지원과 미국의 지원, 그리고 국제사회의 원조를 받는 약소국의 입장이었다. 이후 급속한 경제성장과 적극적인 외교활동을 통해 중진국으로 진입했다는 희망 섞인 평가가 있었고 곧이어 지속적인 성장을 통해 중진국의 지위를 당연시 하면서 서울올림픽을 치른 1980년대 후반이 되면 경제적으로 중진국을 넘어 외교안보 차원에서도 국제사회에 의미 있는 행위자가 됨으로써 중견국가가 되었다는 인식이 지배적이었다.

1996년 OECD 가입을 계기로 더욱 자신감을 가진 한국은 2000년대 들어 균형국가나 책임 있는 중견국가 등 국제사회에서 일정한 역할을 자임하다가 G20 회원국이 되면서 선진국가라는 정체성을 갖게 되었다. 최근에는 디지털 기술, K-pop 및 K-방역 등 사회문화 분야에서도 한국적 특징과 기여에 대한 인식이 세계적으로 확산되고 있고 국제적 평판 역시 빠르게 상승하고 있다. 특히 〈표 23〉에서 보듯이 코로나19 위기를 전후한 한국의 대응방식과 한국 사회의 혁신지수는 세계적인 수준임을 보여준다.

다시 말해, 한국은 지난 50여 년에 걸쳐 약소국에서 선진국으로 스스로의 정체성을 바꿔왔고 이러한 성취를 바탕으로 선진국가를 넘어 선도국가가 되는 것이 2020년대의 미래비전이라 말할 수 있다. 선도

〈표 23〉 블룸버그 혁신 지수

2021 순위	2020 순위	변화	국가	총점	연구개발 집적도
1	2	+1	한국	90.49	2
2	3	+1	싱가포르	87.76	17
3	4	+1	스위스	87.60	3
4	1	-3	독일	86.45	7
5	5	0	스웨덴	86.39	4
6	8	+2	덴마크	86.12	8
7	6	-1	이스라엘	85.50	1
8	7	-1	핀란드	84.86	11
9	13	+4	네덜란드	84.29	14
10	11	+1	오스트리아	83.93	6
11	9	-2	미국	83.59	9
12	12	0	일본	82.86	5
13	10	-3	프랑스	81.73	12
14	14	0	벨기에	80.75	10
15	17	+2	노르웨이	80.70	15
16	15	-1	중국	79.56	13
17	16	-1	아일랜드	79.41	35
18	18	0	영국	77.20	21
19	20	+1	호주	76.81	20
20	19	-1	이탈리아	76.73	26

출처: Bloomberg(2021).

국가는 촛불혁명과 코로나19 위기를 전후한 역사적 전환의 시기에 민주주의, 산업구조, 사회문화 분야에서 새로운 가치와 거버넌스의 제시를 통해 세계사에 새로운 지평을 열어나가는 것을 의미한다.

즉 우리의 민주주의 경험과 가치를 국제사회와 공유하고 다른 나라를 지원하는 플랫폼을 제공함으로써 한국적 모범의 영향력 확산을 통해 국제규범을 제시할 수 있어야 한다. 또한 글로벌 가치사슬에 참여

제조업 부가가치	생산성	하이테크 밀도	3차산업 효율성	연구자 집중도	특허 활동
2	36	4	13	3	1
3	6	18	1	13	4
5	7	11	15	4	18
6	20	3	23	12	14
21	12	6	7	7	21
17	3	8	22	2	23
30	18	5	34	1	8
12	17	13	14	10	10
26	14	7	25	8	9
9	15	23	16	9	15
24	5	1	47	32	2
7	37	10	36	18	11
39	12	2	26	21	16
23	16	15	43	14	13
49	4	14	5	11	24
20	45	9	17	39	3
1	2	12	42	17	39
44	25	17	4	20	22
55	8	16	10	31	7
15	28	21	41	25	12

해서 경제적 이익을 얻는 만큼 국제사회가 기대하는 의무를 이행하고 디지털 전환과 에너지 전환에 따른 산업구조 개편 과정에서 탄소중립이나 사회적 약자 보호를 국제 압력이 아니라 우리가 먼저 자발적이고 능동적으로 추진해야 한다. 새로운 문화적 가치 창출이라는 차원에서 K-드라마, K-팝, K-뷰티 등 다양한 K-모델은 이미 세계를 선도하고 있다고 말할 수 있다.

제14장 정의로운 전환을 위한 조건들

1. 정의로운 전환의 등장 배경 및 개념과 한계 등

1) 정의로운 전환의 등장 배경

화석연료를 기반으로 한 산업화는 기후변화를 비롯한 환경 문제를 악화시켰고, 동시에 과도한 성과주의와 경쟁을 부추겨 우리 사회의 모순을 생산했다. 이러한 현상은 근거 없는 주장이 아니라 이미 각종 과학적 연구의 결과와 통계지표를 통해 뒷받침되고 있다. 이에 탄소 에너지에 의존한 경제체제 하에서 이뤄지는 개발 행위가 자연과 사회를 약탈해 왔다는 사실에 대한 공감대가 서구 사회를 중심으로 시작되었고, 이에 따라 개인-사회-자연 관계를 재설정할 필요성이 커지게 되었다.

특히 기후변화는 이러한 정의로운 전환 담론이 국제적 공감을 얻게 만드는 중요한 계기로 작동했다. 기후변화는 인간 활동으로 인해 온실가스 농도가 급증하며 발생하는 기후체계의 변화를 의미한다. 전 세계에서 기후변화로 인한 막대한 재산 및 인명 피해가 지속되고 있으며, 우리나라도 그 영향에서 절대로 벗어날 수 없다.

국제사회는 1992년 교토의정서를 시작으로 2015년 파리협정을 체결하여 기후변화에 대응하고 있다. 특히 파리협정은 기후변화 대응을 위한 행위자 및 활동 영역의 다양성을 인정하고 당사국들이 자발적으로 온실가스 감축 목표와 계획을 수립한다는 점에서 이전의 기후변화 협약들과 궤를 달리한다. 따라서 파리협정 당사국은 온실가스 배출 감축을 위한 목표를 설정하고 보고할 의무를 갖게 되었다. 이러한 파리협정에 따른 신기후체제 아래에서 저탄소 전환은 더이상 규범적 수준의 논의가 아니며 전 세계 경제에 막대한 실질적 변화를 가져올 것임은 자명하다.

실제로 EU 국가와 미국, 중국, 일본, 인도 등이 기후변화 관련 법 제도를 준비하여 감축 목표 달성에 박차를 가하고 있다. 이들은 화력발전 산업 지원을 축소하는 대신 청정에너지 중심의 신산업에 적극적으로 투자하여 육성하고 있다. 이러한 세계적 흐름은 신청정산업계의 선도국가가 되기 위해 각국 간의 치열한 경쟁이 시작됨과 동시에 대내적으로도 전통적 화력발전 중심의 경제구조가 급격히 변화할 것임을 암시한다. 그러나 이러한 전환 과정에는 사회적 합의가 필수적이며, 그 과정에서 의도치 않게 피해를 보는 집단에 관한 배려와 조치가 선결되어야 한다는 것이 바로 정의로운 전환 논의의 핵심이라 할 수 있다.

2) 정의로운 전환의 기존 개념과 한계

미국의 노동운동가 토니 마조치는 1970년대 데탕트 시기에 안보산업 노동자들의 일자리 보호를 위해 노력했던 경험에 근거하여 80년대 환경보호 규제로 인해 실직 위기에 놓인 오염산업 노동자의 생계보호를 주장했다. 바로 이를 통해 정의로운 전환이라는 개념이 태동하게 되었다. 이후 정의로운 전환은 2009년 코펜하겐 기후협약 교섭문과 2015년 파리협정 전문에서 다루어지면서 기후변화가 불러온 시장 구조 재편성과 밀접한 연관성을 갖게 되었다.

오늘날 정의로운 전환을 해석하는 주류적 관점은 세계경제 구조가 지속가능성을 추구함에 따라 실업이나 폐업의 위기에 봉착한 노동자를 노동자-산업-정부 간 합의를 통해 보호하고, 새로운 일자리를 창출하거나 노동력을 재배치해야 한다는 점을 강조한다. 그러나 여전히 정의로운 전환의 구체적인 작동 메커니즘과 그 핵심 목표가 무엇인지에 대해서는 의견이 갈리고 있는 것이 사실이다. 먼저, 정의로운 전환이 이뤄지는 메커니즘에 대해 노동 분야에서는 노동자 재교육이나 재배치를 강조하는 반면, 환경 분야에서는 녹색산업 활성화에 초점을 맞춘다. 또한 정의로운 전환이 노동자의 고용을 보장하는 케인스주의의 단순 재해석인지, 생산 관계의 완전한 전환을 요구하는지에 대해서도 이견이 있다.

이와 동시에 정의로운 전환에 대한 비판적 시각 역시 존재한다. 즉 정의로운 전환은 곧 실직 대응 정책의 동의어에 불과하다고 보거나, 인류 역사상 여러 차례 이미 이뤄진 경제 전환의 사례들을 들며 사회적 전환은 본질적으로 불의하고 불평등하다고 보는 회의론이 바로 그것이다. 더욱이 정의로운 전환에 대한 가장 중요한 비판 지점 중 하나는, 바로 기계적 자연관, 양적 확장, 기술만능주의를 기반으로 한 근대적 발전관이 가져온 문제점을 극복하기 위한 시도가 바로 정의로운 전환임에도 현재 이뤄지고 있는 정의로운 전환에 대한 담론들이 근본적으로 근대적 관점을 벗어나지 못하고 있다는 것이다.

3) 정의로운 전환을 위한 사회적 합의의 필요성

앞서 정의로운 전환을 시도했던 세계 각국의 사례를 살펴본 결과, 정의로운 전환을 위한 사회적 합의는 노사정 협력 문화가 이미 정착해 있는 조합주의적 전통의 국가보다 주주 및 경영단이 기업의 의사결정을 지배하고 있는 영미식의 자본주의 국가에서 훨씬 어려웠다. 그러나 이렇게 이해관계자 간의 합의가 어려운 상황에서도 일부 국가에서는 정의로운 전환을 성공적으로 이뤄냈다. 이러한 사례는 우리에게 조정자로서의 지방정부 역할이 정의로운 전환 과정에서 매우 중요하다는 점을 암시하고 있다.

특히 이러한 정의로운 전환을 위한 사회적 합의는 구체적으로 사회협약의 형태로 진행될 수 있다. 신자유주의의 확산에 따라 고용유연성과 고용안정성 간의 논란이 심화되었고, 1990년대 들어 유럽 전역에 경제위기가 발발함에 따라 사회 협약 체결 사례가 증가했다. 사회 협약이란 정부, 노동조합 및 사용자단체가 글로벌화에 대응하기 위해 통합적 정책 패키지를 결정하고 이행하는 과정에 공식적으로 참여하고 도출한 합의를 의미한다.

지난 반세기가 넘는 동안 유럽 각지에서 사회 협약이 체결되었다. 이들은 극심한 경제위기 및 국내외 사회 불안을 경험하고 있었다는 공통점을 공유하고 있다. 그러나 아일랜드와 같이 사회 주체 간 합의의 전통이 약했던 국가에서도 사회 협약이 성공적으로 가능하였다는 점을 통해 볼 때 사회 협약은 반드시 경로의존적인 것만은 아니다. 오히려 위기 상황 속에서 균형을 만들어내고자 하는 노사정 간의 전략적 상호작용의 결과물임을 알 수 있었다. 결국 사회 협약은 행위자 간의 상호 이해에 그 성공이 달려있다는 것이다.

오늘날 우리 사회는 코로나19로 인한 역성장의 위기를 맞이하고 있으며, 동시에 저탄소경제로의 전환이 그 어느 때보다 중요한 문제로 부상해 있다. 이러한 측면에서 정의로운 전환을 위한 사회 협약을 추진하는 것은 상당한 시의성을 갖는다. 그러나 사회 협약이 실질적으로 수립되고 작동하기 위해서는 참여자의 관심과 의지가 필수적이며, 정부가 사용자와 노동자 간의 이해관계를 효과적으로 조정하고 중재할 수 있어야 한다.

4) 정의로운 전환 개념의 확장

이처럼 성공적으로 정의로운 전환을 달성하기 위해서는 정의로운 전환의 개념에 관한 명확한 이해를 바탕으로 중앙정부, 지방정부, 민간기업과 노동자, 그리고 지역주민까지 포함한 사회 각계각층의 논의와 합의가 필요하다.

이때 중요한 것은, 이러한 사회적 합의는 우리 사회가 자연과 진보를 바라보는 시각의 변화가 전제될 때 비로소 가능하다는 점이다. 저탄소사회로 전환하는 과정에서 그 누구도 소외되지 않는 공정하고 포용적인 정책이 필요함은 주지의 사실이다. 그러나 진정한 의미에서의 정의로운 전환이 이뤄지기 위해서는 이로부터 한 걸음 더 나아가 사회와 자연 간의 관계를 새롭게 설정하고 진보에 대한 새로운 믿음이 선포되어야만 한다.

먼저, 우리의 인식을 지배하는 서구 근대의 자연관에서 탈피해야 한다. 과학의 발전과 함께 서구문명은 자연을 '기계로서의 자연'으로 인식해왔다. 이러한 자연관에서, 자연은 파괴적인 이용과 개발의 대상으로서만 기능하게 되며, 이는 결과적으로 오늘날 우리가 마주하고 있는 21세기 위험사회의 도래를 낳았다. 결국 진정한 의미의 정의로운 전환이 가능해지기 위해서는 우리의 인식을 은연 중에 지배하고 있는 서구의 자연관에서 벗어나 자연을 생명의 근원으로 존중하는 자세가 무엇보다 요구된다.

이와 동시에, 무엇이 진보인가에 대한 인식 역시 변화되어야 한다. 오늘날 경제 규모 확대를 추구하는 성장 중심의 진보관은 아무런 비판 없이 그대로 수용되고 있다. 그러나 이러한 성장 중심의 진보관은 곧 현재 우리가 경험하고 있는 극심한 환경 파괴와 사회적 모순을 낳았다. 이러한 측면에서, 정의로운 전환의 과정이 성공을 거두기 위해서는 '발전' 중심의 진보라는 새로운 인식이 요구된다.

발전 중심의 진보관을 처음 개념화한 경제사상가인 아마티아 센에 따르면, 실질적 자유란 인간사회라는 현실 속에서 삶의 다양한 요소를 더 높이 향유할 수 있는 자유를 의미한다. 이러한 실질적 자유의 확장은 모든 인류문명의 목표가 되어야 하며, 이를 위해서는 경제적·정치적 요소를 넘어 사회적 기회와 투명성 및 인간의 안전보장이 필요하다는 것이 센의 주장의 요체이다(아마티아 센, 2013). 특히 센은 사회적 기회와 안정성이 삶의 질 증대에 직접적 영향을 행사한다는 점에서 "시장 메커니즘의 광대한 힘" 역시 "사회적 평등과 정의를 위해 기본적인 사회적 기회를 창조함으로써 보완"되어야 한다고 주장하고, 이러한 사회적 기회를 창출하기 위해서는 공공정책이 주요한 역할을 맡아야 한다고 강조한다(아마티아 센, 2013, pp. 220~221).

결국 이러한 자연관과 발전관에 대한 새로운 인식은 우리로 하여금 협소한 의미에서의 정의로운 전환에만 머무르지 않고 사회 전체를 변화시킬 수 있는 진정한 의미의 정의로운 전환을 가능하게 할 것이다. 즉 이러한 인식의 변화를 통해서만이 비로소 우리는 정의로운 전환을 통해 동시대적 공존(동시대 다른 사회, 문화, 인종과의 공존), 통시대적 공존(미래 세대와의 공존), 생태적 공존(모든 생명의 비시장적 존재 가치의 인정)이 가능한 대안적 문명을 우리 시대에 꽃피울 수 있다.

2. 정의로운 전환을 위한 전략

1) 정의로운 전환의 가능성

실천적인 측면에서, 이러한 정의로운 전환이 현실화되기 위해서는 그 실현 정도를 가늠할 수 있는 성과지표가 필요하다. 이를 위해 이 절은 1) 단순한 경제 규모의 확장이 아닌 실질 복지의 증진을 측정할 수 있는 인간 진보, 2) 에너지효율과 재생에너지 기반, 3) 생명 경외와 자연의 보호, 4) 경제발전의 지방화를 중심으로 구체적인 고려 사항과 예시 지표를 제안한다.

이와 동시에, 정의로운 전환을 위해 정부가 어떤 역할과 책임을 맡아야 하는지에 대한 논의 역시 매우 중요하다. 1980년대 이후 세계를 지배해온 신자유주의적 사고방식은 시장에서의 경쟁과 효율성을 지나치게 강조한 나머지 정의(justice), 공정성(fairness) 등의 규범적 가치들을 간과했다. 특히 기술 진보/변화가 가속화되는 오늘날, 새로운 기술에 적응하지 못하는 다수의 노동자는 노동시장에서 낙오될 우려가 크다. 이러한 우려가 현실화될 경우 우리 사회는 부를 축적하는 소수의 집단과 하향 평준화된 삶을 살아가는 다수의 집단으로 경제적 양극화가 더욱 심화될 것이다(구교준·이용숙, 2016). 따라서 노동시장의 경쟁에서 낙오된 사람들을 보듬기 위한 노력이 요구되며 이는 정의로운 전환의 중심 축이 된다. 이때 정부의 역할은 그 무엇보다 중요하며, 정의로운 전환을 방해하는 장애물들을 극복하기 위해 행정의 새로운 규범적 원칙을 세울 것이 요구된다. 이에 이 절은 정의로운 전환을 위해 정부에게 요구되는 새로운 행정규범의 예로 1) 대응적 중립성(responsive neutrality), 2) 다양성, 3) 공감성을 제안한다.

2) 정의로운 전환의 평가지표

정의로운 전환이 현실의 사회질서로 표상되기 위해서는 규범적 가치로서뿐 아니라 실용적 가치로서의 필요 역시 인정받아야 한다. 이를 위해서는 현실에서 정의로운 전환이 어느 정도로 실현되었는지 그 정도를 가늠할 수 있는 성과지표를 구축하는 작업이 필요하다.

(1) 실질적 복지 측면에서의 인간 진보

이러한 지표에 있어 첫째 고려해야 하는 사항은 바로 실질 복지의 증진을 측정할 수 있는 인간 진보의 영역이다. 이는 단순히 자연의 지배와 경제 규모의 확장의 정도를 평가하는 것이 아니라 개인의 건강, 교육, 소득을 아우르는 삶의 만족에 기초하여 실질적인 복지가 얼마나 늘었는지를 확인할 수 있는 정량적 지표를 뜻한다. 인간문명에 있어 진보는 어느 수준까지는 자연의 이용을 통한 경제 규모의 확대를 요구하지만 특정 수준을 넘어서면 그 성과는 환경적, 사회적 비용에 의해 상쇄되는 '문턱 효과'가 발생한다.

특히 오늘날 국가의 (경제적) 진보 수준을 평가하기 위해 가장 일반적으로 사용되는 GDP 지표는 경제의 규모와 인간 활동의 시장가치만을 분석의 대상으로 삼아 실질적인 의미에서의 진보 측정을 왜곡한다는 비판을 받고 있다. 예를 들어 중국의 경우, 전통적 GDP 지표에서는 초고속 성장을 하고 있지만 GPI 등 환경 관련 측면을 추가한 지표의 경우 거의 0에 가까운 성장률을 하고 있는 것으로 나타난다(Kahn and Yardley, 2007). 실제로 중국에서는 매년 GDP의 3.5~9%의 규모에 이르는 자연훼손으로 인한 비용이 발생하고 있으며, 이러한 비용은 오히려 성장을 저해하는 것으로 나타나고 있다. 아울러 경제성장 과정에서 발생한 오염 등으로 인해 1996년~2011년 동안 환경의 질 개선을 요구하는 폭력 시위가 연평균 29% 증가하여 극심한 사회적 비용을 유발하고 있기도 하다. 즉 경제 규모의 확장만을 측정하는 것은 제대로 된 인간 진보의 정도를 반영하지 못한다는 것이다.

(2) 에너지 효율과 재생에너지 활용

둘째, 정의로운 전환의 실현 정도를 평가하기 위한 지표에는 에너지 효율과 재생에너지의 활용 정도가 포함되어야 한다. 이는 특히 탄소 배출의 공간적 분포와 농도 측정, 경제적 산출 단위 당 에너지 사용량 측정, 도시화율-이산화탄소 배출량의 상관관계 측정을 위한 지표라고 할 수 있다. 기술 혁신은 생산 부문에서 효율성을 증대시키고, 이에 따라 산업구조의 첨단화를 가능하게 하지만 동시에 이러한 긍정적 효과는 오늘날 우리 사회의 에너지 집약적 생활방식 속에서 상쇄되는 것이 사실이다.

또한 거대도시화 과정에서 발생하는 사회기반시설의 중복 투자, 공간의 비효율적 이용은 우리 경제의 지속불가능성을 심화하고 있다. 따라서 기존에 중앙집중의 형태로 대규모 화석연료에 기반하여 에너지를 생산하고 있는 방식에서 벗어나 분산형 소규모 재생에너지 생산을 실현하고 이를 확대하는 것은 정의로운 전환을 성공적으로 이룩하기 위한 중요한 척도가 된다.

(3) 사회적 형평성

셋째, 사회적 형평성에 대한 고려 역시 필요하다. 이는 먼저, 에너지 접근성이나 상·하수 시스템 등 자원 배분에 있어서의 공평성과 동시에 교육, 위생, 직장 내 승진, 소득 분배 등 사회적 측면에서의 공정성을 측정할 수 있는 정량적 지표로 기능해야 한다. 앞서 아마티아 센의 발전으로서의 진보관에서도 언급한 것처럼, 소외 계층들의 생존권을 보호하고 그들 스스로의 삶을 결정할 수 있는 선택과 행동의 자유를 확대하는 것은 진정한 의미의 정의로운 전환을 위해 꼭 필요하다. 이러한 측면에서 자원 배분 및 사회적 측면에서의 공정성을 측정하는 것은 현실 속에서 삶의 다양한 요소를 더 높이 향유할 수 있는 실질적 자유의 정도를 평가하는 것이라 할 수 있다.

(4) 생명 경외와 자연보호

넷째, 정의로운 전환의 실현 정도 측정을 위한 지표에는 생명 경외와 자연보호에 대한 가치 역시 포함되어야 한다. 이는 곧 비인간 종의 생명권 보장 정도, 폐기물 절감 정도, 현재의 생태적 수요와 공급에 대한 측정을 의미한다. 특히 정의로운 전환의 과정에서는 경제적 소비·생산을 위해 훼손된 자연 회복이 필요하며 이를 위한 투자가 진행되어야 하는데, 이와 같은 측정지표는 투자를 결정하는 근거로 삼을 수 있다. 또한 자원의 비효율적 전용을 의미한 폐기물 역시 절감되어야 하며, 사회가 법과 정책을 통해 어느 정도까지 폐기물을 최소화하고 있는지 역시 평가되어야 함이 마땅하다.

이와 동시에, 무분별한 살처분을 금지하는 것 역시 평가의 대상으로 포함되어야 한다. 현재 우리나라에서 동물 전염병 발생 시 사전예방 원칙이 과도하게 적용되어 잔혹한 살처분 행위가 무비판적으로 이뤄져왔다. 그러나 살처분은 동물의 생명권을 침해할 뿐 아니라 침출수로 인한 심각한 토양오염, 수질오염을 유발하여 인간의 건강에도 악영향을 주므로 이의 정도를 구체적으로 측정할 필요가 있다.

(5) 경제발전의 지방화

마지막으로, 정의로운 전환의 실현 정도 측정을 위한 지표는 경제발전의 결실이 얼마나 지역 수준에서 향유되고 있는지에 대한 평가가 포함되어야 한다. 가속화되는 세계화는 지역경제의 붕괴를 초래할 가능성이 있다. 경제의 세계화는 자본의 속성으로 인해 자연-사회관계를 일회적으로 만들기 때문이다. 세계화된 경제에서는 화폐로 환산되는 경제적 이익의 극대화만이 행위의 동기이고, 지역공동체가 제공하는 비물질적/비시장적 가치는 고려되지 않으므로 지역이 환경적, 경제적으로 황폐화되는 것을 막을 수 없다.

무너지는 지역경제는 해당 지역 주민을 비롯한 사회 구성원의 불만을 키울 것이며 이는 곧 정의로운 전환을 실현하는 데 잠재적인 위협

요인으로서 작동한다. 따라서 정의로운 전환의 실현 정도를 확인하기 위해서는 지역 주민이 소비하는 에너지, 식량, 서비스가 얼마나 그 지역에서 조달 가능한지 등 지역의 경제적 자립 수준을 정량적으로 측정하는 지표가 필요하다.

물론 모든 국가에 보편적으로 적용 가능한 발전 모델은 없다. 문화, 역사, 정치제도의 차이로 나라마다 상황이 다르기 때문이다. 이는 단일 국가 내의 지역들 경우에도 해당한다. 지방의 수요를 발굴하고, 지방의 자산가치를 발견하며, 지방 고유의 문화와 생태에 적합한 프로젝트를 실행해야 한다. 거주 공간에 대한 주인의식을 갖는 지방민을 직접 고용하는 사업을 확대하여 주민소득과 직업을 안정화해야 한다. 이를 통해 환경을 파괴하면서 세계화된 경제를 지방으로 되돌려 지속가능성을 높일 수 있는 방안이 필요하다.

3) 정부에게 요구되는 새로운 행정 규범

정의로운 전환을 성공적으로 이룩하기 위해서는 정부의 역할이 무엇보다 중요하다. 앞서 정의로운 전환에 성공한 해외 사례에서도 볼 수 있듯이, 사회적 합의를 통한 국가적 의사결정의 경험이 부재한 상황에서 이해관계자들 간의 의견을 조율하고 모두가 공감할 수 있는 합의를 이끌어내는 것은 일정 수준 이상의 권한과 자율성을 지닌 정부였다. 이러한 측면에서 정의로운 전환을 방해하는 각종 장애 요소들을 극복하기 위해 정부에게는 새로운 규범적 행정 원칙이 요구된다 하겠다. 이는 1) 대응적 중립성, 2) 다양성, 3) 공감성으로 요약될 수 있다.

(1) 기계적 중립성에서 대응적 중립성의 추구

첫째, 대응적 중립성이란 "공공서비스의 분배 및 국가적 문제로 증폭될 수 있는 집단 간 분쟁의 조정 과정에서 사회적 약자의 입장을 적극적으로 배려"하는 공공행정의 규범적 가치를 의미한다. 기존에 행정의 중립성을 논의하는 주류적 시각은 정부의 정치적 중립에 초점을 맞추고 이를 통한 행정의 안정성 및 전문성 제고를 강조하고 있다(임의영 2010). 이러한 관점은 행정을 특정 집단이 아닌 국민 전체를 위한 봉사 행위로 규정하고 이를 달성하기 위한 전제조건으로서의 중립성을 강조하고 있는 것이다. 그러나 이는 결과적으로 정부의 중립성을 기계적 중립성으로만 제한하여 이해하게 만드는 결과를 낳았고, 행정을 정치적 결정을 충실히 수행하는 것에만 그치는 수동적 행위로 전락시켰다는 문제가 있다(최상옥 2016).

이러한 측면에서, 정의로운 전환의 시행 과정에서 정부에게 요구되는 바는 기존의 기계적 중립성을 넘어 대응적 중립성을 추구하는 것이다. 이미 불평등이 우리 현실에 산재한 상황에서 단순히 기계적으로 중립성을 유지하는 일은 문제 해결에 결코 도움이 되지 않는다. 이러한 과거의 기계적 중립성을 현실 문제 해결에 유의미한 중립성으로 전환하기 위해서는 현재의 권력 불균형을 수긍할 만한 수준으로 조정하여 공정한 경쟁의 장을 만드는 것이 필요하다. 이는 소외집단에 대한 적극적 배려와 도움을 정부 행정의 중심에 놓아야 함을 뜻한다(Lee et al., 2014).

다시 말해, 오늘날처럼 부의 분배를 두고 일어난 구조적 변화가 고착화되어 가고 있는 현실 속에서 정부의 제3자적 입장만을 강조하는 기계적 중립성은 정치적 목소리를 내기 힘든 사회적 약자의 분노를 심화시켜 도리어 문제 해결을 더욱 어렵게 할 우려가 있다는 것이다. 이에 비해 대응적 중립성은 경제적, 정치적 권력의 불균형 심화 속에서 구조화된 불공정의 완화와 극복을 위해 정부가 적극적으로 개입할 것을 강조한다. 특히 이러한 대응적 중립성은 기존에 정부에게 요구되어 온 사회적 형평성 추구와는 그 결을 달리한다.

즉 사회적 형평성의 추구가 과거의 불공정을 교정하기 위해 특정 집단을 대상으로 적극적 우대조치를 취하는 일을 요구하는 반면, 대응적 중립성은 애초에 계층 간 불공정이 발생하지 않도록 실질적 중립을 확보하는 데 초점을 맞춘다(김태일, 2016).

(2) 보편성에서 다양성과 특수성의 적극적 고려

둘째, 다양성이란 "인간의 차이와 유사성에 대한 집합적 혼합"으로 정의할 수 있다(Cox, 1995: 246). 다양성은 종교, 나이, 성별, 계층 등과 같은 여러 요소를 포함하며, 사람들 간에 존재하는 차이와 동일성에 대한 이해를 전제로 한다(Wise & Tschirhart 2000, 최상옥 2016에서 재인용).

앞서 언급한 기계적 중립성과 더불어 보편성의 추구는 지금까지 정부 정책의 형평성 보장을 위해 필요한 절대적 가치로 인식됐다. 따라서 개인과 조직의 다양성은 행정에 있어 문제점으로 지적되거나, 설령 그 필요성이 인정되더라도 제한적으로만 이루어졌다.

그러나 오늘날 현대 사회에서는 점점 상이한 배경을 가진 개인과 이질적 특성을 가진 집단 간 협업을 요구하는 복잡한 사회문제가 대두되고 있다. 이에 따라 오늘날 우리가 마주하고 있는 복잡한 사회 현상을 해결하기 위해 다양성과 특수성의 고려는 필수불가결해지고 있는 실정이다(최상옥, 2016).

이러한 측면에서 행정규범으로서의 다양성은 창의성의 원천으로 기능할 수 있으며 이를 통해 정부의 문제 해결 능력을 높임으로써(구교준·이용숙, 2016) 혁신과 사회안정의 양 측면에서 중요한 임무를 수행할 수 있다. 좀 더 구체적으로 정부의 다양성 추구는 행정의 혁신에 기여할 수 있다. 이미 존재하는 지식을 다른 방식으로 조합하여 새로운 가치를 창출하고 새로운 시장기회를 확대하는 것을 혁신으로 정의한다면(Schumpeter, 1934), 혁신 역량을 결정하는 중요한 요소 가운데 하나는 바로 지식의 다양성이다. 획일성/보편성만이 팽배할 경우 여러 분야 아이디어의 창의적 결합은 제한되고 따라서 혁신의 가능성도 작아진다. 실제로 많은 실증연구가 동일 사안에 대해 다양한 관점을 가진 사람들로 이루어진 집단이 혁신적 기술창업 활동에 더 적극적이고 성공적임을 확인했다(Bae & Koo, 2009).

두 번째로, 행정규범으로서의 다양성은 사회안정에 이바지한다. 오늘날의 사회·경제는 이전 시대와는 비교할 수 없을 만큼 높은 불확실성에 직면해 있다. 불확실성은 사회·경제체제에 예측 불가능한 충격을 가하는데 이 경우 다양성은 충격을 분산함으로써 체제의 안정에 기여한다. 이는 다양성이 외부로부터의 충격이 체제 전체로 확산되는 것을 막고 국지화하는 데 도움이 되기 때문이다. 즉 다양성은 우리 사회가 가지고 있는 회복탄력성을 높임으로써 경제불황과 같은 충격을 극복하고 사회를 안정화하는 데 큰 도움을 준다.

이렇게 사회의 혁신 및 안정화에 기여하는 다양성은 나아가 경제발전에 기여한다(제프리 웨스트, 2018). 다양성의 경제적 효과에 대한 기존 연구들은 경제적 다양성/복잡성을 '경제적 적합도'라고 명명하고, 이러한 적합도가 한 국가의 미래 경제의 성과를 가장 잘 예측할 수 있는 선행 지표임을 보였다. 이는 종 내에서 다양성이 높은 생물종이 그렇지 않은 종들에 비해 더 많은 자손을 남기는 것과 유사한 논리이다 (Cristelli et al. 2015, Hidalgo & Hausmann 2009). 같은 맥락에서 경제체제의 다양성은 급속히 변하는 세계경제와 그로 인한 불확실성 하에서 외부로부터의 충격을 흡수하고 재도약하는 데 도움을 준다(구교준·이용숙 2016). 예를 들어, 첨단기술의 보유도 중요하지만 그보다는 첨단기술을 개발하기 위한 다양한 산업 영역을 고루 갖추는 것이 경제발전에 더 유리하다는 것이다(Cristelli et al., 2015).

또한 상황의 특수성을 인정하는 다양성이 경제 영역을 넘어 더 높은 차원에서의 사회 통합을 가능하게 한다는 점 역시 간과되어서는 안된다. 예를 들어 문화의 확산과 수렴에 관한 악셀로드의 연구는 각 문화 요소에 허락된 개인의 취향이 다양할수록 시간이 지남에 따라 오히려 균일한 취향을 가진 집단이 형성됨을 보여준다(Axelrod, 1997). 이러한 악셀로드의 연구 결과를 확장하면 정치적 의견이 달라도 경제적 의견이 비슷할 경우 서로 상대의 의견을 존중하여 분열을 막을 수 있다는 것을 유추할 수 있다(김범준, 2021).

(3) 도구성에서 공감성의 추구

마지막으로, 공감성이란 타인이 겪는 어려움에 대한 감정적 동조를 의미하거나, 혹은 외부 충격에 영향을 받는 사람들의 처지를 이해하는 능력으로 정의할 수 있다. 이는 공공성의 어원 pubes의 의미와 일치한다(최상옥, 2016: 20). 효율성과 이성에 입각한 현대 사회과학 사조는 이러한 공감성을 비이성으로 치부해왔다. 그러나 공감성은 개인과 상위 공동체를 연결하고, 정의를 추구하며, 공공문제를 해결한다는 측면에서 정부의 중요한 규범적 가치로 인식되어야 한다(최상옥, 2016).

특히 이러한 공감은 소외계층을 보호할 수 있는 포용적 정책의 근간이며(Rawls, 1971), 나아가 국민 개개인이 소외계층 포용이라는 기조에 동의할 수 있도록 이끌어준다(Smith, 1759). 즉 행정규범으로서의 공감성은 국민의 소외계층 보호 정책 지지와 참여의 밑바탕으로 작용할 수 있다는 것이다.

다시 말해, 정의로운 전환을 위해 정부에게 요구되는 규범적 가치는 환경, 사회, 경제 문제에 기계적으로 대응하는 역할을 넘어 사회적 약자의 상황에 대한 공감을 전제로 한 문제 이해와 적극적 대응에 초점을 맞추어야 한다. 그리고 이를 위해서는 국민 개개인이 공동체 다수의 이익 실현을 위해 경우에 따라 희생이 가능한 수단이라는 인식을 벗어나야 한다.

|참고문헌|

강선주. 2015. 중견국 이론화의 이슈와 쟁점. 국제정치논총, 55(1), 137-174.

기획재정부 대외경제총괄과. 강소국 경제의 잠재력과 시사점.

김민기·고윤미·박노언·차두원. 2012. 강소국의 과학기술정책 및 행정체계 비교분석: 핀란드, 싱가포르, 이스라엘을 중심으로. ISSUE PAPER 2012. 6. 한국과학기술기획평가원.

김범준. 2021. 다양성의 물리학. *Diversitas* 9: 7-31.

김상배. 2011. 네트워크로 보는 중견국 외교전략. 국제정치논총, 51(3), 51-77.

김석관·최병삼·양희태·장필성·손수정·장병열·이제영·김승현·이다은·김단비·송성수. 2017. 4차 산업혁명의 기술 동인과 산업 파급 전망. 정책연구, 1-414.

김석관. 2018. 산업혁명을 어떤 기준으로 판단할 것인가?: 슈밥의 4차 산업혁명론에 대한 비판적 검토. 과학기술정책, 1(1), 113-141.

김수배. 1997. 칸트의 진보사관:'인간의 사명'에 관한 논쟁을 중심으로. 철학, 50, 93-123.

김우상. 2013. 대한민국의 중견국 공공외교. 정치정보연구, 16(1), 331-350.

김인춘. 2007. 자본주의 다양성과 한국의 새로운 발전모델: 민주적 코포라티즘의 조건. 한국사회학, 41(4), 202-241.

김치욱. 2009. 국제정치의 분석단위로서 중견국가 (Middle Power): 그 개념화와 시사점. 국제정치논총, 49(1), 7-36.

김태일. 2016. 적극적 중립: 경제구조 변화에 대한 대응. 정부학연구, 22, 51-79

김홍섭. 2015. 사회적 합의주의의 특별한 예, 오스트리아의 "사회적 파트너십". 독일언어문학, 70, 199-222.

노사정위원회. 2007. 주요 외국의 사회적 대화 및 사회협약체제 비교연구(Ⅱ).

녹색기술센터. 2019. 제3차 녹색성장 5개년 계획 수립 방안 연구.

다카기 진자부로, 김원식 역. 2006. 지금 자연을 어떻게 볼 것인가. 녹색평론사.

산업통상자원부. 2017. 주요국 기후변화대응 추진체계 조사

서울특별시. 2020. 서울협치협약 추진 사례서. 서울특별시.

송성수. 2017. [제4차 산업혁명 특별기획 ①] 역사에서 배우는 산업혁명론: 제4차 산업혁명과 관련하여. STEPI Insight, 207, 1-39.

송지원. 2019. 스웨덴 살트쉐바덴 협약 80주년 기념 콘퍼런스. 국제노동브리프 7월호 pp. 55-60. 한국노동연구원.

신지영. 2017. "우리나라 기후변화 적응정책 현황과 중장기 발전전략 수립을 위한 주요과제", 제4차 2050 장기 저탄소 발전전략 기초연구 관계기관 자문위원회 (2017. 2. 16, KEI) 발표자료.

아마티아 센. 2013. 자유로서의 발전. 서울: 갈라파고스.

유근춘, 최연혁, 정병기, 김종법, 이호근, 국중호, 김선희. 2014. 사회대타협을 위한 사회협약 국제사례 연구와 시사점. 한국보건사회연구원.

이성우. 2017. 새로운 산업혁명과 국제정치질서의 전망. 국제정치논총, 57(1), 311-346.

이주미. 2021. 주요국 그린뉴딜 정책의 내용과 시사점. Global Market Report 21-001. 1-42.

이충진. 2014. 후기 칸트의 역사철학. 철학사상, 51. 31-51.

임상훈·루치오 바카로. 2006.『약자들의 사회협약 — 아일랜드, 이탈리아 및 한국 사례 비교연구』. 워킹페이퍼 2006-01. 서울: 한국노동연구원.

임의영. 2010. 공공성의 유형화. 한국행정학보, 44, 1-21.

임채성. 2003. 유럽 강소국 국가혁신시스템의 특징과 시사점. 정책연구, 1-170.

장선화. 2014. 사회협약의 정치: 세계화시대 경제위기와 집권 정당의 위기극복 전략 (핀란드, 벨기에, 스페인, 아일랜드). 한국정당학회보, 13(2), 63-99.

장영욱·윤형준. 2020. 스웨덴의 코로나19 대응전략과 경제적 영향. [KIEP] 오늘의 세계경제, 20(22), 1-15.

정성관. 2012. 칸트 역사철학의 특징과 역사진보의 징표. 칸트연구, 29, 99-120.

조한범, 이우태. 2017. 통일국민협약 추진방안. KINU 정책연구시리즈 17-02. 통일연구원.

최상옥. 2016. 뉴노멀 시대 新공공성 탐색. 정부학연구, 22(2), 5-25.

한국노동연구원. 2004. 세계 각국의 사회협약.

환경부. 2020. 신기후체제 대응 환경기술개발사업.

이주호, 최창용. 2017. 제4차 산업혁명 선도국가를 향한 정부 개혁. 한반도선진화재단.

이주호. 2017. 제4차 산업혁명 선도국가의 비전. 한반도선진화재단.

하원규, 최민석, 김수민. 2013. 미래창조 선도국가(A-Korea)의 방향성과 추진전략. 전자통신동향분석 140호, 115-131.

허원제. 2015. 유럽 강소국의 경쟁력의 원천과 시사점. 덴마크, 스웨덴, 스위스. KERI Brief, 15(23), 1-23.

홍덕화. 2020a. 기후불평등에서 체제 전환으로: 기후정의 담론의 확장과 전환 담론의 급진화. 환경사회학연구 ECO, 24(1), 7-50.

홍덕화. 2020b. 동북아 슈퍼그리드와 에너지전환의 경로. 공간과 사회, 71, 247-282.

후카호리 스즈카. 2015. 중견국가로서의 한국 가교 역할에 대한 인식의 형성과 변화. 평화연구, 23(1), 155-184.

习近平. 2020. 在经济社会领域专家座谈会上的讲话.『人民日报』. 8月25日.

Alanne, K., & Saari, A. 2006. Distributed energy generation and sustainable development. Renewable and sustainable energy reviews, 10(6),

539-558.

Cha, J. M. 2020. A just transition for whom? Politics, contestation, and social identity in the disruption of coal in the Powder River Basin. *Energy Research & Social Science*, 69, 101657.

Galgóczi, B. 2018. Just Transition Towards Environmentally Sustainable Economies and Societies for All. *ILO ACTRAV Policy Brief. Geneva: International Labour Office.*

Galgóczi, B. 2020. Just transition on the ground: Challenges and opportunities for social dialogue. *European Journal of Industrial Relations*, 26(4), 367-382.

Heffron, R. J., & McCauley, D. 2017. The concept of energy justice across the disciplines. *Energy Policy*, 105, 658-667.

Lejano, R. P., & Davos, C. A. 2002. Fair share: siting noxious facilities as a risk distribution game under nontransferable utility. *Journal of Environmental Economics and Management*, 43(2), 251-266.

Mazzucato, Mariana. 2011. The Entrepreneurial State. London: Demos.

Newell, P., & Mulvaney, D. 2013. The political economy of the 'just transition'. The *Geographical Journal*, 179(2), 132-140.

Robins, N., Brunsting, V., & Wood, D. 2018. Investing in a just transition: Why investors need to integrate a social dimension into their climate strategies and how they could take action. *London: Grantham Research Institute on Climate Change and the Environment.*

Sovacool, B. K., & Dworkin, M. H. 2015. Energy justice: Conceptual insights and practical applications. *Applied Energy*, 142, 435-444.

Sullivan, A. M. 1990. Victim compensation revisited: efficiency versus equity in the siting of noxious facilities. *Journal of public economics*, 41(2), 211-225.

Thomas, N. Gladwin, James J. Kennelly & Tara-Shelomith Krause. (1995). Shifting Paradigms for Sustainable Development: Implications for Management Theory and Research. The Academy of Management Review, Vol. 4, pp. 874-907.

Davutoğlu, A. 2020. A New Order of Inclusive Governance. Horizons: Future Projections and Basic Principles. *Journal of International Relations and Sustainable Development*, 16, 40-59.

Cukierman, A. 2020. Why is COVID-19 Incidence in Authoritarian China so Much Lower than in the Democratic US: Effectiveness of Collective Action or Chinese Cover-up?. VOX, CEPR Policy Portal.

Tellis, A. J. 2020. Covid 19 knocks on American hegemony. *The National Bureau of Asia Research The New Normal in Asia*, 1-10.

Akaev, A., & Pantin, V. 2014. Technological innovations and future shifts in international politics. *International Studies Quarterly*, 58(4), 867-872.

Axelrod, R. 1997. The dissemination of culture: A model with local convergence and global polarization. *The Journal of Conflict Resolution* 41(2): 203-226.

Baccaro, L. 2003. What is Alive and What is Dead in the Theory of Corporatism. *British journal of industrial relations* 41(4): 683-706.

Baccaro, L., & Lim, S. H. 2007. Social pacts as coalitions of the weak and moderate: Ireland, Italy and South Korea in comparative perspective. *European Journal of Industrial Relations* 13(1): 27-46.

Bae, J., & Koo, J. 2009. The nature of local knowledge and new firm formation. *Industrial and Corporate Change* 18: 473-496.

Beck, U. 1992. *Risk Society: Towards a New Modernity*. Sage

Publishing.

Collingwood, R. G. 1960. *The idea of nature*. Oxford University Press.

BP. 2020. *Stastical Review of World Energy*. Avaliable at: https://www. bp.com/en/global/corporate/energy-economics/statistical-review-of-world-energy.html

Vegas, E., & Winthrop, R. 2020. Global Education: How to Transform School Systems? Reimagining the Global Economy: Building Back Better in a Post-COVID-19 World. *Center for Universal Education at The Brookings Institution*.

Gilley, B., & O'Neil, A. (Eds.). 2014. *Middle powers and the rise of China*. Georgetown University Press.

Cristelli, M., Tacchella, A., & Pietronero, L. 2015. The heterogeneos dynamics of economic complexity. *Plos One* 10, e0117174.

Cox, T. 1995. A diversity framework. In M. Chemers et al. (eds.) *Diversity in organizations*. Thousand Oaks: Sage Publication.

Culpepper, P. D., & Regan, A. (2014). Why don't governments need trade unions anymore? The death of social pacts in Ireland and Italy. *Socio-Economic Review* 12(4): 723-745.

Diamond, J. 2005. *Collapse: How societies choose to succeed or fail*. Viking Penguin: New York.

Ebbinghaus, B., & Hassel, A. 2000. Striking deals: concertation in the reform of continental European welfare states. *Journal of European Public Policy* 7(1): 44-62.

Esping-Andersen, G. 1990. *The three worlds of welfare capitalism*. Princeton University Press.

Modelski, G. 1990. Is world politics evolutionary learning?. *International organization*, 44(1), 1-24.

Ingram, G. 2020. COVID-19 Exposes a Changed World: A Prescription for

Renewing U.S. Global Partnership. Policy Brief (January), 1-27.

Green, F. 2018. Transition Policy for Climate Change Mitigation: Who, What, Why and How. CCEP Working Paper 1805. Crawford School of Public Policy, The Australian National University.

Brands, H., & Gavin, F. J. (Eds.). 2020. *COVID-19 and world order: The future of conflict, competition, and cooperation.* Johns Hopkins University Press.

Hamann, K., & Kelly, J. 2010. *Parties, elections, and policy reforms in western Europe: voting for social pacts* (Vol. 36). Routledge.

Hardiman, N. 1988. *Pay, politics, and economic performance in Ireland, 1970-1987.* Oxford University Press, USA.

Harrahill, K., & Douglas, O. 2019. Framework development for 'just transition'in coal producing jurisdictions. *Energy Policy* 134: 110990.

Hidalgo, C. & Hausmann, R. 2009. The building blocks of economic complexity. *Proceeding of National Academy of Science*, 106(26): 10570-10575.

IISS. 2021. SIPRI's Military Expenditure Database(2020).

IPCC. 2014. Climate change 2014: synthesis report. Contribution of Working Groups I, II and III to the fifth assessment report of the Intergovernmental Panel on Climate Change (p. 151).

IPCC. 2018. Impacts of 1.5°C of Global Warming on Natural and Human Systems. available at https://www.ipcc.ch/sr15/chapter/chapter-3/

Long, A., & Ascent, D. (2020). World Economic Outlook. *International Monetary Fund.*

Diamond, J. 2020. The germs that transformed history. *The Wall Street Journal,*

Rifkin, J. 1995. *The end of work: The decline of the global labor force and the dawn of the post-market era.* New York,

Rifkin, J. 2011. *The third industrial revolution: how lateral power is transforming energy, the economy, and the world.* Macmillan.

Rosenthal, J. 1955. Voltaire's philosophy of history. *Journal of the History of Ideas*, 151-178.

Johnstone, P., & Newell, P. (2018). Sustainability transitions and the state. *Environmental innovation and societal transitions* 27: 72-82.

Campbell, K. M., & Doshi, R. (2020). The coronavirus could reshape global order: China is maneuvering for international leadership as the United States falters. *Foreign Affairs*, 18.

Labor Network for Sustainability and Strategic Practice. (2016). Just transition - Just what is it? An analysis of language, strategies and projects, Available at: http://www.labor4sustainability.org/uncategorized/just-transition-just-what-is-it/ (27.08.2016)

Lee, E., Jung, C. S., & Lee, M. K. (2014). The potential role of boundary organizations in the climate regime. *Environmental Science & Policy* 36: 24-36.

Lehmbruch, G. 1977. Liberal corporatism and party government. *Comparative Political Studies* 10(1): 91-126.

McCauley, D., & Heffron, R. (2018). Just transition: Integrating climate, energy and environmental justice. *Energy Policy* 119: 1-7.

OECD. 2021. Economic Outlook/ IMF. 2020. World Economic Outklook.

White, O., Madgavkar, A., Sibanda, T., Townsend, Z., and Ramirez, M.J. 2021. COVID-19: Making the Case for Robust Digital Financial Infrastructure. *McKinsey Global Institute.*

Pai, S., & Harrison, K., & Zerriffi, H. 2020. A systematic review of the key elements of a just transition for fossil fuel workers. 10.13140/RG.2.2.29003.75046.

Barrett, P., Chen, S., and Li, N. 2021. COVID's Long Shadow: Social Repercussions of Pandemics. *IMF Research Perspectives*. 23(2)

Barrett, P., & Chen, S. 2021. Social Repercussions of Pandemics. IMF Working Paper(21/21), 2-24.

Portland. 2020. Softpower 30 (https://softpower30.com/)

Reuveny, R., & Thompson, W. R. 2001. Leading sectors, lead economies, and economic growth. Review of International Political Economy, 8(4), 689-719.

Rhodes, M. 1998. Globalization, labour markets and welfare states: A future of 'competitive corporatism'?. In *The future of European welfare* (pp. 178-203). London: Palgrave.

Rhodes, M. 2001. The political economy of social pacts: Competitive corporatism and European welfare reform. In P. Pierson (ed.) *The new politics of the welfare state* (pp. 165~195). Oxford: Oxford University Press.

Rosecrance, R. 1987. Long cycle theory and international relations. *International Organization*, 41(2), 283-301.

Rifkin, J. 2014. *The zero marginal cost society: The internet of things, the collaborative commons, and the eclipse of capitalism*. St. Martin's Press.

Rosemberg, A. 2017. *Strengthening just transition policies in international climate governance* (Policy Analysis Brief). The Stanley Foundation. Available at: https://stanleycenter.org/publications/pab/RosembergPABStrengtheningJustTransition417.pdf

Brannen, S., Ahmed, H., & Newton, H. 2020. Covid-19 Reshapes the future. *Center for strategic and international studies*, 1-24.

Schwab, Klaus. 2016. *The Fourth Industrial Revolution*, Geneva: World Economic Forum

Schwartzman, D. 2011. Green new deal: An ecosocialist perspective. *Capitalism, Nature, Socialism* 22(3): 49-56.

Scientific American. 2009. Measuring the daily destruction of the world's rainforests. available at: https://www.scientificamerican.com/article/earth-talks-daily-destruction/

Lincicome, S. 2021. The Pandemic Does Not Demand Government Micromanagement of Global Supply Chains. CATO Institute.

Smith, A. 1759. The theory of moral sentiments. 박세일·민경국 (역). 도덕감정론. 비봉출판사

Smith, S. 2017. Just transition: A report for the OECD. Just Transition Centre.

Snell, D. 2018. 'Just transition'? Conceptual challenges meet stark reality in a 'transitioning' coal region in Australia. *Globalizations* 15(4): 550-564.

Rawls, J. 1971. *A theory of Justice*. Cambridge: Harvard University Press.

Teague, P. 1995. Pay determination in the Republic of Ireland: Towards social corporatism? *British Journal of Industrial Relations* 33(2): 253-273.

UN. 2010. Updated comprehensive framework for action. Available at: https://digitallibrary.un.org/record/770848?ln=zh_CN

UNCBD. 2007. Message from the secretariat of the convention on biological diversity on the occasion of the international day for biological diversity. Available at: http://cbd.int/doc/speech/2007/sp-2007-05-22-es-en.doc

UNDP. 2020. *Human Development Report 2020*.

UNFCCC. 1992. United Nations Framework Convention on Climate Change. Available at: https://unfccc.int/files/essential_background/background_publications_htmlpdf/application/pdf/conveng.pdf

UNFCCC. 2009. Reordering and consolidation of text in the revised negotiating text: Note by the secretariat. FCCC/AWGLCA/2009/INF.2. Available at: https://unfccc.int/documents/5823#beg

UNICEF. 2016. Clean the Air for Children. Available at: https://www.unicef.org/reports/clean-air-children

Voltaire. 1901. *The Works of Voltaire Vol. XII (Age of Louis XIV)*. A Contemporary Version. A Critique and Biography by John Morley, notes by Tobias Smollett, trans. William F. Fleming. New York: E.R.DuMont

Wikipedia. 2021. Carbon neutrality (https://en.wikipedia.org/wiki/Carbon_neutrality)

Thompson, W. R. 2006. Systemic leadership, evolutionary processes, and international relations theory: The unipolarity question. *International Studies Review*, 8(1), 1-22.

Wise, L., & Tschirhart, M. 2000. Examining empirical evidence on diversity effects: How useful is diversity research for publi sector managers? *Public Administration Review* 60(5): 386-395.

Thompson, W. R. 1986. Polarity, the long cycle, and global power warfare. *Journal of Conflict Resolution*, 30(4), 587-615.

WMO. 2020. WMO Greenhouse gas bulletin (GHG Bulletin) - No. 16: The state of greenhouse gqses in the atmosphere based on global observations through 2019. Available at: https://library.wmo.int/index.php?lvl=notice_display&id=21795#.YAuD2OgzaUk

World Bank. 2020. Poverty and shared prosperity 2020: Reversals of fortune. Washington, DC: World Bank. doi: 10.1596/978-1-4648-1602-4.

World Bank. 2020. Data: World Bank Country and Lending Groups. (https://datahelpdesk.worldbank.org/knowledgebase/

articles/906519-world-bank-country-and-lending-groups)

Worldometer. 2020. Data: Toxic chemicals. (https://www.worldometers.
info/view/toxchem/)

Yanzhong Huang. 2021. Has China Done Too Well Against Covid-19.
New York Times. January 24.

Zander S. Venter, Kristin Aunan, Sourangsu Chowdhury, and Jos Lelieveld.
2020. COVID-19 Lockdowns Cause Global Air Pollution Declines.
PNAS. 117 (32)

[웹사이트]

https://www.bloomberg.com/graphics/covid-resilience-ranking/

https://dictionary.cambridge.org/)

https://mysenior.co.kr/138 (Worldometer, COVID-19 Pandemic (2021. 3.
24.)

https://ourworldindata.org/covid-cases?country=CHN~JPN~HKG~SGP~
KOR~TWN~USA~SWE~DEU~GBR

https://ourworldindata.org/covid-cases?country=CHN~JPN~HKG~SGP
~KOR~TWN~USA~SWE~DEU~GBR; accessed in November 10,
2020)

https://www.oecd.org/dac/development-assistance-committee/)

https://stdict.korean.go.kr/main/main.do)

국정과제협의회 정책기획시리즈 06

세계 선도국가와 정의로운 전환

발행일	2022년 02월 28일
발행인	조대엽
발행처	**대통령직속 정책기획위원회** 서울특별시 종로구 세종대로 209 정부서울청사 13층 대통령직속 정책기획위원회 (02-2100-1499)
판매가	16,000원
편집·인쇄	경인문화사 031-955-9300
ISBN	979-11-975858-7-6 93300